啓者本報初號原擬附本省地圖一幅因爲製版所誤當於第二期補入以副閱者雅望

本社敬白

平民科學

此書爲日本社會主義名士幸德堺久津諸先生所着共六巨册第一第二現已出版其聲價之高已風行一世無俟再述現經本社譯成不日出書凡我同人想無不以先睹爲快

本社謹啓

太昊伏羲氏

岳鄂王

歷史畫（其一）

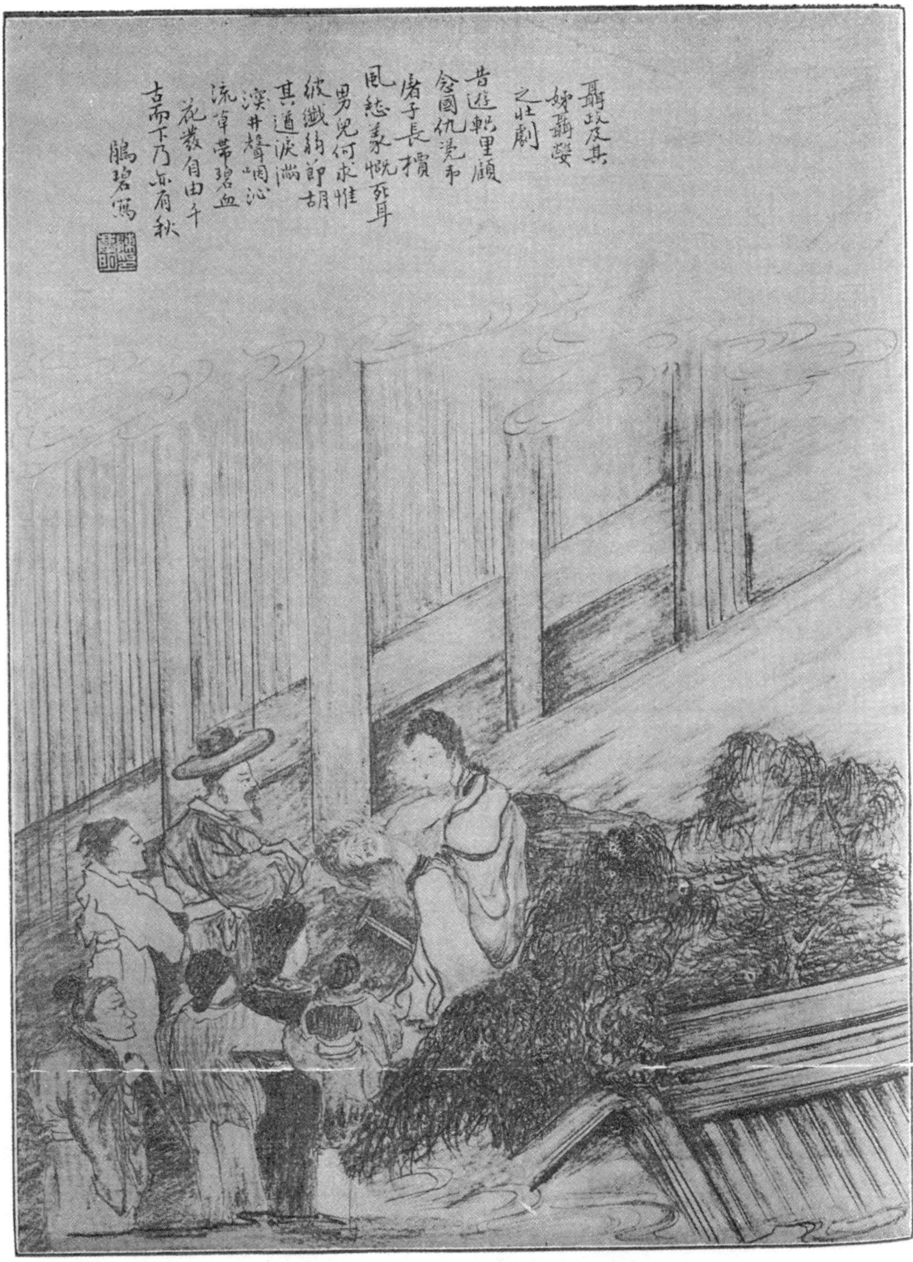

歷史畵（其二）

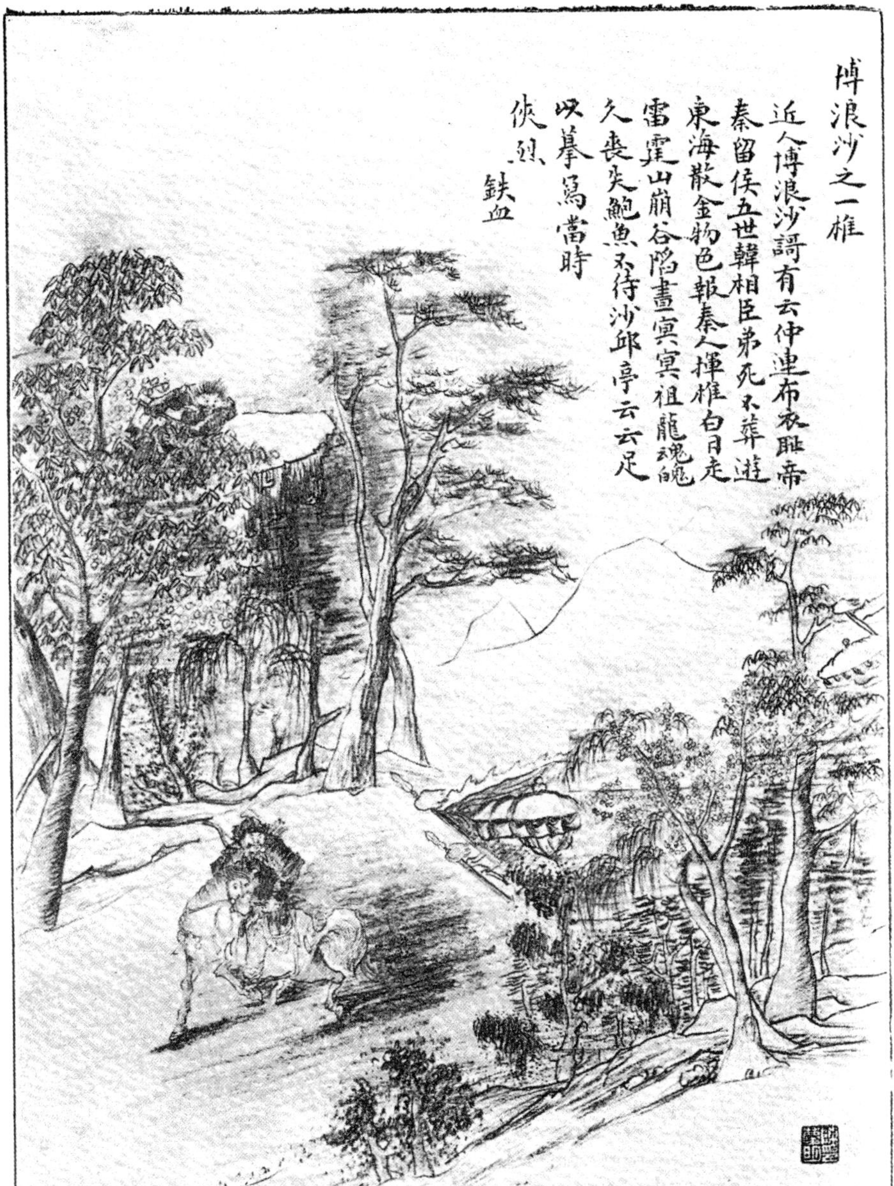
博浪沙之一椎
近人博浪沙詞有云仲連布衣耻帝
秦留侯五世韓相臣弟死不葬遊
東海散金物色報秦人揮椎白日走
雷霆山崩谷陷晝冥冥祖龍魂魄
久喪矣鮑魚不待沙邱亭云云足
以摹寫當時
俠烈
鉄血

歷史畫 (其三)

祝「河南」發刊兼贈某君

馥忱

墨跡淋漓筆力遒。萬千氣象起中洲。三川時恐來秦患。一字寧非寫杞憂。且舞長戈揮日返。好憑隻手挽潮流。明知江口風波惡。努力齊撐上瀨舟。

神洲莫謂未南冠。封豕長蛇欲避難。黑白局分天乃破。玄黃血戰地皆殷。皮存方冀毛能傅。唇破應知齒亦酸。我是燕門屠狗客。共君起舞劍光寒。

發刊之旨趣

朱宣

今何時乎幢幢華裔將即於奴寂寂江山日變其色人億其身身億其手遑遑焉奔走於拯民救國之塗猶恐不能返其魂而延其命乃復蹲居海外謌哭天涯擲有用之光陰耗無限之心血而從事於報章得勿欲以數紙文章抵禦列强耶曰否不然爲全國計數年來發行報章無慮百種都凡千餘册崇論宏議爲國民指示方針殆已確定則此報儘可休刊爲河南計則此報萬不可不出當此危機一髮之際尤不可不速出故吾於此報初脫版時爲一言之明白宣示曰吾黨之 **河南雜誌爲吾河南同胞確定進行之方針也**於此又附一言以告我全國同胞曰 **河南雜誌所定進行之方針**吾黨以爲**無論何省均最適用者也**

顧吾黨所畫之策亦平平無奇非有破天荒之高見大抵皆吾同胞所飫聞今已厭棄之者吾知我未言而我之心殆早爲同胞所度而得矣雖然我輩猶强聒不舍者非欲

我同胞之第聞之知之已也欲我同胞之**協同實行**之也我同胞其振睡意去充耳平心以垂聽今日我國最大問題有過於中國存亡者耶或存或亡內察諸自國外窺諸列强其問題不已解決而旦夕趨於亡之一方面耶屬國之亡也吾猶哀之韓國是也甌脫地之亡也吾猶哀之臺灣是也今則吾國內不問何省省不問何地一草一木一沙一礁非皆已於他國之最近協商時而默於意中互相認許耶各省志士茹辛含苦揞救殘局夜闌不能寢日晡未及食已誓以此大好頭顱與美麗河山俱碎矣其有效中國之福也無效寧戰而死誓不奴而生是何也人之所以爲人有生理上之人格有法律上之人格二者全則爲人無法律上之人格則爲奴奴也者半人之謂也以我四萬萬之同胞腦量不減於人强力不弱於人文化不後於人乃由人而降爲奴是稍有人血人性者所不甘而謂我志士而忍受之耶以此原因覘外患之迫於燃眉遂不能不赴湯蹈火摩頂斷脰**以謀於將死未死之時**反而觀我河南之父老兄弟則其現象爲何如乎玆就統計上大量的觀察及別類的觀察列述於下

爲大量的觀察則其凝其盲非如戊戌庚子以前也筆之於書吐之於舌非如試帖制

義之腐朽也大官小官大紳小紳多知披覽報章非如往時之僅讀搢紳也吾喜矣則誠堪喜吾羞矣則誠堪羞雖然天下百般之進化率由外界刺激從而爲生存上發達上之競爭競爭愈烈進化愈速河南地居中央夙無外警其開化之遲鈍理有固然何能怪我父老兄弟第**時至今日局勢忽變**而猶持此**冷靜之態度**冀享太平之庸福吾恐我父老兄弟將終於**不見外警**而已**死期之到頭**矣何也中國者一體也其胸部腹部頭部足部殆無一不於痛癢未覺時已屬有專主一旦以無厚入有間剖而分之直諜然委地耳奏刀者已批其窾而導其隙而身受者猶若未覩刲我割我之人含靈賦性之中無有若此頑石者而我可親可愛之父老兄弟今竟若此是誠吾所不能爲我父老兄弟解者也吾由是進窺其一般之心理乃知所以至此者其總因蓋在於眼光窄隘作計不遠不以中國視中國而以十八省視中國也是以沿邊口岸之失他省路礦之失以及諸種利權之失皆秦越相視漠然無所動於中叩其用心豈不以外患侵入尚在沿邊近則千百里遠則數千里大河南北固猶烽煙未起水波不興乎中國昔時視邊患如癬疥不至侵入腹地未有惹起全國注

目者必待剝床及身然後舉手足而捍其痛苦奈何居今日而猶染此歷史上之汙辱習傳而不掃去之耶是必**自幸其居中國腹部他省雖亡河南不至同歸於燼**也我父老兄弟亦太喜作**頑劣之惡夢矣不見夫波蘭乎**波蘭當十八世紀初一自主之國也一千七百七十三年哇沙會議告終遂召第一次瓜分完全領域日蹙百里矣一千七百九十三年第二次之瓜分又至大波蘭小波蘭幾盡喪失然猶有內部彈丸之地至一千七百九十五年第三次瓜分之期也**舊以波蘭名者尺寸山河盡屬於俄普澳三國之權力下並哇沙**（波蘭之首府）**亦不殘留**而波蘭遂永成歷史上之名詞矣中國今日沿海口岸早為列強所攫取內部亦多劃入勢力範圍之圈者**豈僅波蘭第一次瓜分而已並其第二次亦早行於中國矣**昔也各國互相猜忌其在中國有如連雞今也各國互相協商其視中國久非全牛**第三次瓜分**

之勢燄又日夜咄咄逼人如潮汐之乘風四漲有進而無休矣　就令吾河南因居中國內部他省雖分割而此猶得暫脫於虎口或如印度之西哥越南之老撾欲生不生求死不死釜底游魂顧亦何樂　不過多延數日殘喘耳覆巢之下寧有完卵列強何厚於河南而不取而實諸橐何愛於河南之人而不收而圈爲奴　中國之亡也必並河南而亡之列強之瓜分也必並河南而瓜分之　此則吾不忍言而又不忍不言者也且我父老兄弟果其終身不見外警不知列強之如何行其侵畧其　作此無意識之彼此觀　而逍遙若處局外吾猶不忍深責也今則延長之鐵道既橫貫於黃淮之交堅美之礦產復掘發於丹沁之湄　風霆馳驟之聲頑夢驚醒之時應亦士集庶走而爭相告語臥薪嘗膽而齊謀挽回矣乃環顧百十州縣中若此者曾無一人是殆有痲木不仁之病

刺之不痛耶此又吾所不能為吾河南父老兄弟解者也大量上之概觀既若此矣及就別類的觀察以研究其內容乃始知其一般心理發而為此鄙倍者其原因蓋別有在此乃其**思想表現之結果也**

內容果何如乎勢若癱瘓形同散沙無智無愚尙皆徬徨於歧路之側紕焉相背而馳二千餘萬人幾若二千餘萬途其居全省最大多數者則所謂無懷氏之民葛天氏之民也于于其覺胠胠其行吃吃其口步不出里閈目未覩城市高曾相衍三世有爲善之譽親鄰相過廿年無交誶之聲所知所行孕兒育女養生送死之外非摘蔬於秋畦則荷鋤於春郊仰而視天蒼蒼之色而已俯而畫地摶摶之土而已彼之何以生何以死何以爲人猶且未曉又安問夫國家彼現在之託身爲何地猶且未曉又安問夫英法俄德日本等國夢夢一生已耳是則吾河南父老兄弟之最可矜憐者也屬於此者每萬人中必有五千次則惑於神道篤於禨祥之流遇奇特之狀貌謂爲天之所相處旱潦之日月訝爲神之所罰其視歷代更朝易姓皆以爲天命所鍾符有必至而帝王將相又皆彼蒼特爲一世之治亂降生者朝朝暮暮手執易林一言一動輒詢龜圖若而

人者殆祖淳風而父一行也忽擧橫目覩時事之阽危碧眼黃髮之徒𥈭𥈭而至其側則駭愕不已轉而訴之於其素所信仰以爲此『洋人洋人』必無天眷也於時而叩以今日華洋何以翻覆至此則又以爲治亂不恒物周必及今雖弱也以中國之大終必有濟時之豪傑應運而生會見彼有滅亡之時矣是詛咒之之術也虞人之强而咒之使弱其愚不可及矣屬於此者萬人而千次則居易以俟素位而行之流平居淡於勢利不慕榮華爰靜爰淸守德之隅外觀則事皆棘手內問則胸無成見於是守不在其位不謀其政之箴凜知止不辱知足不殆之戒父詔其子兄儆其弟以爲才愚不齊各如其貌世途之險逾於孟門吾輩一平民耳但守先人之茆屋數椽獲全天倫之樂斯足矣位卑且不可言高況無位者乎若而人也使詰以興亡有責之言則又以爲聖賢豪傑何代蔑有兵刑禮樂自有專職天下原不待我而理我又無政治上改設之權人生但學牛醫兒何必效范孔輩主持淸議自沾奇禍爲此則現政府所謂『安分守己的好百姓』者也屬於此者萬人而千又有守甕之子擷菽之輩活動僅及肉體言論從無毀譽而累於習俗困於舊學有爲奴之性無自營之風賊可認以爲父夷堪戴以

為君言及時事則不假深思輒以列代相嬗各有廢興我無迕於新朝則百姓之地位必可不失何論為英為法為德為俄為日本至則服從耳此今世所稱為『順民』者也豈知今日亡國大異疇昔比及其時而噭飯之地必為人所據而育兒之室必為人所保雖欲為順民而不可得耶顧雖告以此言彼則噭然狂而不信也屬於此者萬人而千又有裘馬公子糞穢士豪朝橫枕於酒肆暮劇談於歌樓口發不擇之音目作懾人之態移時輒忘有不自解其前之所言為何謂者徒於稠人廣衆中取快一時耳忽聞青年之士時務之談輒驚以為奇而從而學其聲輕佻支離誇於廛市鄉曲之地矜矜焉故示其交游之廣聲氣之靈以博無知愚民之羣推交譽焉究之道聽塗說言既不中於律呂有首無尾行又轉淪夫渾沌文明進步不惟無益鄉民開化轉足生沮更何望救國眞詮為彼所通解乎屬於此者較前差少萬人之中約有一百時局既遷學問一新則有深鄉學究近市書癡性命策論神聖程朱忽吾徒之去門輒受餐之無所於是視一切新政皆於己有所不便而起而與之為仇謂夫古者設科取士亦有眞才何必學堂吾聞用夏變夷未聞下喬入幽以彼素竊聲聞言輒援古每易動庸庸之耳於

是後生小子雖有踸踔跂踶之才而因其父兄之爲彼所惑縛束加甚蓬勃之志崢嶸之象日就萎黃而卒歸於棄材今日吾河南風氣之閉塞半皆此腐敗之口誤之也顧彼既惡新政如蛇蝎宜其去而之他不與爲緣矣乃敎習之任彼猶希圖也勸學之董彼猶鑽營也一旦獲充其選則又以己之矛陷己之盾而反其前論矣屬於此者萬人而百政界雖黑取才屢變則有懷金之夫趨勢之徒繫情靑紫醉心紅藍胸懷叵測之計口吐圓滑之詞欲上下而皆達謀左右之俱宜對於新派則剽竊數箇之新鮮名詞以爲應酬之具對於舊派則痛罵一般之激烈青年以爲遠禍之資既懼名之爲人唾復慮利之不我歸於是乃出此一身二面之術眞可謂煞費苦心矣顧彼非徒自苦也彼有目的物而冀其達乃不惜由苦以求樂熱心志士往往爲其口說所惑一見輒以爲可膺重任而從而頂戴之而推舉之及其既膺重任矣乃始知其全幅精神所注重者不在救國而在於做官於是又從而排去之然已中其毒矣屬於此者不僅官場中人學者亦優爲之萬人之中亦約一百膺半通之職必習磕頭獲五斗之米定由折腰於是高尙之士不堪其辱視官塲爲畏途避公事若浼已非遠師元亮則尙友計然亦

有熱度過高急於進行而既牽於官復沮於民灰喪之極轉成無情於是居通都而絕過從樹莓以忘憂履山巖以寄嘯傲携酒以爲樂是二者致雖不同其爲厭世則一也夫推求其厭世之原因誠有言之傷心者顧國家身之所由附麗者也國亡則身何由存厭世者非不素知此義而竟忍心置此可愛可戀之中國一往而不顧則亦未免太自恝矣他省之人覩時事之危棘不堪收拾輒蹈海以殉國而河南志士無可如何乃抽身以待斃是其不同之點也屬於此者居其少數萬人之中僅可十人新智之入腦必由少年時事之着手乃在壯歲此在常時有然乃有一般學者巧於畏禍拙於慮遠埋首校舍斷絕公私言禁時政之論坐視同胞之溺以爲求學辦事二者不可同時兼進志大才疏必不能改造新國於二十世紀之初其言誠爲近理吾亦不能謂不學無術之人可以建設新國家也特中國今日在存亡呼吸之間合全力拯之猶恐不能以振起乃欲新智識之養成而後從事就令學如牛頓終亦何用且即其有用亦激江水救涸鮒之類也況其初志本不在於致用而僅爲他日賺取美官計也操是心也以往吾恐其不及爲中國之官而將爲英法俄德等國之官矣屬於此者萬人而十復有所

謂最文明最熱心者一輩而性行似綿眼光如豆獨立之氣不足奴隸之性未斬急於染指國事而未嫻其方以爲一事之作必有影響坐而待時不如起而執行於是朝請設學暮控贓吏極其奔走號呼所得之益乃皆由屈膝作揖而來甫及一年小大之官各有更調前所建設者未見秋收而已廢今所希望者方及春穫而未作迎新送舊有如胥吏建設破壞則在新官以不可一世之志士豪傑乃甘爲其水母而且詡詡自以爲有手段焉吾誠不堪其羞矣且其所得之益果能日進無已猶可說也乃往往插身事中十有餘年而進步仍不能以盈寸愚而無識抑又可憐矣屬於此者萬人而十綜上所列河南現今社會一般心理之熔成之發見的原因已可概見矣前四者醉生夢死不知世界者也中三者於中等下等兩社會頗有勢力然時眞時假非李非桃雖皇頡不能錫以名也後三者則眞吾河南所謂新派中人衆望所歸文明事業仗以發生者然視其所以觀其所由亦無以異於前七者焉是何耶蓋其表面雖似文明其內部之受病與前七者則一**厥病維何不知國家爲何物是也**不知國家爲何物**因而所謂國民者亦不知即其自身而疑爲他人**不

知國家爲何物因而一生之方針亦不由此中選定而向於別途故其心理發見與國家無絲毫之關係焉今一聞外患孔棘若燎原之火不可撲滅前四者則駴愕欲死中三者則冀幸偷生後三者明知絕無生理而安坐待死以茲種種原因參伍錯綜遂結成一來日大難之悲觀而表現於外者一則冀邊省爲我捍目前之劇患一則僥倖己身或不隨邊省同趨於亡故徒爲大量的觀察不爲別類的觀察仍莫知其所以仰賴邊省不求自立之卑劣思想從何而生也佛曰我能知人死生由此現象以推求河南之將來爲死乎爲生乎不待佛之智而可決知矣雖然我河南之思想界未流所以至此者非父老兄弟之罪實我國現行之惡劣政治有以驅之也專制之國最利者民人有依賴性最不利者民人有自立性民人習慣於專制政體之下自立性日見消滅依賴性日見滋

長我河南之所以有此怪現象者**其根源亦直由此也**應乎此時吾爲我父老兄弟所示進行之方針乃可以言矣**方針非他即今人所恆言政治革命是矣**

昔之言政治革命者皆欲藉以脫奴隸之圈今吾之言此非僅在脫去奴隸已也實欲藉以救亡吾意我同胞中智者一聞此言必蹶然起曰立憲也開國會也是欲我輩起而要求之耳應之曰不然茲所謂求死之途未入生門也夫我同胞非醉非醒誰使之不能自振若此乎現今之政府也我完全之金甌東南無陷西北無缺誰使之漸被蠶食於列强乎現今之政府也此非故加之罪可考成案而知十餘年來列强之對中國由强力而變爲柔道其表現於交涉之案中者亦同時由刼奪而變爲要索政府之對列强由排外而變爲媚外其表現於交涉之案中者亦同時由獻納而變爲贈送列强之所以不即實行瓜分由於均勢問題之未解決相顧而莫敢先發非有恤於中國也設一旦**此問題得解決有某國者欲收取河南入其範圍**則

現政府能抗拒而不予之乎必無此能力矣吾言及此吾知同胞中必有人曰此不可專屬望於政府國民與有責焉則試反而觀政府對於國民之現狀權則集之自治則不實行財則歛之教育則不普興中外各官日夜皇皇孰之於慮而施之於行足以震駭耳目者非某中堂致嚴拿革命黨之電於某督則某督行迅勦革命黨之文於某府大小旁迕南北交飛故最近皖案一起浙獄繼興儒[illegible]纍纍蔡亭慘慘春生積憂之蟲夜泣稱冤之鬼志士絕迹鈎連下逮於鄉曲密間四布殺機直僨於海外數月以來幾於風聲竹影皆疑爲革命黨矣 **觀此情形非惟國民不敢置信於政府政府早不敢置信於國民矣非我國民之失其信用於政府也政府自失其信用於國民而因以疑國民之必不信之故百廢不遑具舉而偵探之學堂必先議立密察之局所必先議立此政府一日不倒我國國民之在中國即無日不如蝮蛇遍地儳焉將**

被其毒螯也以言乎外交則如彼以言乎內治又如此我父老兄弟乎昧焉者旣不曉世事其明者乃日望如此之政府爲我立憲也爲我開國會也是直欲自速其亡而已法律者以國民之合成意力爲其本質者也由國民之合成意力製造憲法則憲法爲有效鎔鑄國會則國會爲有能不然則憲法者條文耳國會者詞訟說合耳絕對的無效力者也其實行與否全視政府之自由力與兵力財力合一與否今中國之政府其自由力與兵力財力非完全合一者耶旣完全有此三力則對外雖不足而對內仍有餘我國民無論要求之得不得其必仍飲奴隸之卮帶奴隸之冠無救於亡國可決知也且我國民亦何事多此要求矣即不要求彼亦將爲汝立憲爲汝開國會何也正式之專制不適用於廿世紀久矣於是託權位爲生命者改其手段而酵出一種變相之專制變相之專制必假立憲與國會之名其術始可以籠人而施行無所窒礙現世之俄羅斯殆先我而行矣我卑劣之政府非此之步趨而誰從哉蓋專制之國即以政府爲國家彼所亟欲發達者乃己身自由而非國民之自由己身自由之範圍日張則國民自由之範圍不待減削而自蹙故專制國之國民非國民也奴隸也今政府所名

爲一切要政而急欲見諸實行者仔細究其內容何一不有此意寓乎其間殆如七色光線一一相映射矣其所以必爲此彌縫者乃應乎今之時勢不得不然 **外以冀支梧列強而爲魚目之混內以冀戢滅革命之動機** 使天下之人**皆閉其目塞其耳而告以文采之觀已布鐘鼓之聲已奏今後無復再生其他奢望也是誑騙之術也是以前之專制技倆爲末工而又從而金其章而玉其相也**

若冀其即由此誠心爲我行正當之立憲開正當之國會則馬角可生羝羊可乳彼惡劣之政府斷不出此若然則政府者國民之公敵也天下有政府與國民爲公敵而尙可以對外乎利喙長距之俄羅斯猶且未能而況國競上屢戰屢北之中國乃我同胞中智者一聞政府之言立憲言預備則欣然而喜而賀而迎見政府中有持論反對者則艴然而怒而詈而咒非癡非狂是有心疾而已矣若曰慰情聊勝於無則亦已矣吾無言矣使欲恃此以救國則吾腕可斷此言吾決不信且我國民之長號急呼以

要求立憲及國會爲微幟讀讀若抱龍虵之珠者豈徒博得空言無實立憲國大國民之名譽耶抑即謂此可以救將亡之國而從而爲之也如以爲僅此區區即可以救將亡之國也則曷觀土耳基及波斯（土耳基早立憲波斯於昨年八月十日發布憲法十月七日召集第一期國會在於德蘭之府中）二國非皆已行立憲開國會之國耶胡爲不能因此振作國勢而且日朘月削以鄰於垂死然此猶未亡之國也更考之已亡之國 **夫波蘭非所謂立憲之國耶** 一千七百九十一年以前國會已開數次至同年五月三日發布新憲法勅有曰『我國孱弱至於此極率由立法不善今欲鞏固基礎挽回衰運必自確定完全之憲法始』嗚呼是勅也眞足代表吾國之熱心仰望政府立憲者流矣顧徒以有法無人掌握行政之實權者盲行妄施不與其在下之黨同心壹志未及五年社屋國墟矣而嚮之發勅者遂作聖彼得堡之安樂公矣（波蘭於一七七五年。已有憲法特此憲法係由俄强定。故於一七九一年與普國結同盟。廢棄舊憲法　而發布新憲法。此憲法綱領有六。頗予人民以自由。大臣黜陟之權。亦由國會多數決議。雖非最完善者。然大致亦粗有可觀。卒不能救波蘭之亡。何耶。非憲法之無靈。亦行使之者不得其人致然耳。）由此觀之憲法之立否國會之開否與今日救國之道雖未嘗無關係 **而不於其未立未開之**

時先建設一新政府以執行之則雖謂與救國之道絕無關係焉可也何則無當於亡故也 夫立國之要素有三一地地一國民一統治權今我國之政府對於列强分贈以利權毫無所惜對於國內殘殺其志士惟恐不盡利權喪則土地縮通之機關絕志士盡則國民嚮導之指針失雖有土地是死物而已雖有人民是頑奴而已於是土地與國民於政治上兩失其資格而國家之資格亦在若隱若現之際矣今我國之墮落於此點也非國民之罪而政府之罪也讞既定矣乃猶望其行立憲開國會 是以我國招波蘭第二次之瓜分爲未足而必欲由現政府之手演出其第三次瓜分而後快也 嗚呼是豈忠於國者哉須思中國者非政府諸人之所專有國民各箇人俱其分子之一政府特其執行者耳 政府之建設非由於政府實由於國民政府之不良國民應有改造之責明知其外

不適於國競內不合於人道而乃坐視其亡我之國不起而改絃更張之是即我國民之自亡之也且文明者購之以血各國先例未有不由國民之浴血數次而始漸達於强盛之點者以故其正當之憲法及國會亦無不由國民之浴血數次而始能成立者法蘭西最劇烈美利堅亦有脫離母國之戰日本極和平且有覆幕之擧西南之役即號稱無血之憲法如英國亦由三度革命而後大定俄羅斯今雖未發布眞正之憲法乎（俄於一五五〇年。實已開國會。至一六九八年停絕。亞力山大二世。憲法案己成。未發布而被刺死。遲至昨年五月九日。始發布俄國基礎法。於聖彼得堡首府召集國會。今已解散者數次矣。）而其農民之暴發軍隊之內變波蘭芬蘭等之唱議自治前仆後繼雲委波屬已成爲司空見慣之擧動今乃欲以長揖屈膝之技博取文明國民絞腦漿擲頭顱所赚得之物是欲以豚蹄易篝車也豎求之中世近世橫索之東洋西洋俱無此例秖成爲滑稽可笑之事而已矣曷若合羣力集衆矢齊向於**由己改造**之途目的物極單純着手點極直捷**僅從新建設一責任之政府而其根本已奠定將來一切文明事**

發刊之旨趣

業皆可由此中乙乙發生而國步既新刼灰重燃泱漭無垠之大陸上野花瑁妍均帶獨立之氣荒谷噏吐皆饒自由之風嚮之野心勃勃思嘗一臠於中國者今則覩**如火如荼之民氣日漲日牢之實力**必駭然自齚其舌急斂其鋒變其侵畧之政策而折轉於他方豈第將亡未亡之國可藉此易危爲安而瓜分之禍既消於無形國交之情自見其日密即東亞和平亦可因我國之振興而維持於永久故曰爲我國民求一生路也吾於此又附一言以告我全國同胞曰吾茲所言**豈第救亡自強之道也自強其國較他人之保全其國容易萬倍是非第二人之責我全國國民之責也**嗟我河南父老兄弟乎勿視爲隔岸之火也勿拘於舊學之說也勿惑於柔消學者之口也爲死爲生即在今日爲奴爲主即在今日人貴自造 其位置我 自以爲湯武 斯湯武矣自以爲華拿 斯華拿矣反乎此以波蘭自待則亦波蘭人也以猶太自待則亦猶太人也於彼於此安可不早自擇定乎須知列强若瓜分中國必並 河南而瓜 分之

政

府若斷送中國必並河南而斷送之 回首過去已成空花遙望前途危若朝露哀哀二千餘萬可親可愛之同胞忠實純良無一人曾涉於賣國之行徑者罪不應亡也居我國文化之中心又非如非澳土蠻比即以天演論亦不應亡也徒以惡劣政府之威嚇之愚弄之誑騙言論不敢自由財產不敢自主性命不敢自保式微式微墮落墮落前所列十派中人 **無論何派其現在之程度非惟弗比於世界文明國民視他省同胞亦瞠乎後焉**一二年間時移事變吾恐雖欲為波蘭猶太而不可得（波蘭猶太雖亡國然在俄國中者屢次雜入革命中軍謀光復波蘭尤急） 黑奴紅夷將及我之身猺洞蠻穴將為我之居於此時而忍無可忍愬無可愬或有如朝鮮志士噭噭焉而哭於海牙之會以求列強之一憐者乎是我所不忍設想者矣嗚呼風景不殊春秋頻易解纜南浮無在非傷心之地側身西望何處是歸根之鄉生不自知其為生死不自知其為死也我父老兄弟倘能憐而聽之**見諸實行**豈啻河南中國之幸也本報所欲言者專**注重此點** 至於河南舊有之歷史地理亦時行闡發非徒

重人保守之念。實以感發其本有之愛國心云。

發刊之旨趣

論著之一

平民的國家

鴻飛

中國開國之古。爲環球各國所未有。平原磅礴。阨塞交通。其勢盡趨於統一。而無國際對待之情狀。雖其間有列國戰國三國南北朝及五代南宋諸競爭。亦不過暫爲分裂。不旋踵而底於合併。其餘則四海一家。中國一人。突然立於亞東之天地而無與爲抗。環其外者。雖有東西南北諸蠻族。然其文物。其戶口。其幅員。皆不足以與中國爲抵抗。故其間雖時有衝突。皆不轉瞬而悉歸同化。至其外者。若葱嶺以西之波斯印度希臘羅馬諸文明國。漢唐間雖偶有交通。又皆未嘗直接。未嘗聞知。故中國自視其國即爲世界。以致數千年最古之老大帝國。於歷史上竟無國際之名詞。以自表現。而其人民。亦遂有世界觀念。而無國家觀念。夢夢焉僻處於地球之東北

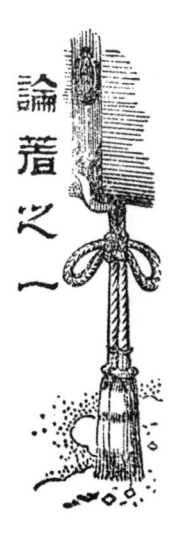

角而自大自尊。以故中國歷史。僅有平民與平民之競爭。而無國家與國家之競爭。固地理使然。而亦時會使然也。自近數十年以來。經西洋各種科學之發明。橫海之輪船。乘長風。破巨浪。越萬里而飛來。棱險之汽車。邁廣原。度層巒。乘九軌以戾止。若英若法若德若俄以及美澳意比。與夫最後開明之日本。遂乃利用此精神。以發皇其殖民政策。以擴充其勢力範圍。以張大其兼併主義。既於歐美非澳諸州。無絲隙之事圖。乃羣集於我支那大陸。以肆行其手段。於是緬甸滅矣。安南亡矣。琉球臺灣朝鮮。更相繼而淪喪矣。然此皆既往而不可收拾者。更有長江一綫。盡屬英人。雲廣半壁。全歸法領。其他山東之屬於德。福建南滿之隸於日。蒙古新疆北滿伏馴於俄羅斯肘腋之下。欲領則領。欲占則占。疲弱如土耳其。且思染一指以爲快。雖庚子變後。有保全領土之宣言。乃復益以開放門戶機會均等之約章。蓋欲盡吸其財產。亡國於無形。使我領土人民。消滅於不知不覺間而後已。然前此尚有羣雄角立。勢不相下之勢。甲收一利。則乙起而干涉。丙奪一利。則丁從而阻礙。中國之所以苟延於旦夕間者。實賴有茲原因以爲留難。近則日法協商。英俄協商。日俄以仇讐之國。

亦破其忌疑而協約。相合相同。羣以謀我。各從其任意之方向進行。不事干涉。不相阻滯。吾恐十數年間、民窮財盡。生計艱難。縱使各國不瓜分我土地、而我顛頹顛連。宛轉哀吟於道路間。四百兆之人民雖衆、勢必至靡有孑遺而後已。而況乎俄法之野心。日猶思兼併其土地以遂其大欲。亡國之急。人人所盡知。此其機至危。其情至慘。因不待予之繁言。亦有識者所共喻矣。故時至今日。而中國之形式。又變平民與平民之競爭。爲國家與國家之競爭。時會使然。亦無足怪也。雖然。國家之競爭。無實以平民之競爭爲起點也。何也。蓋自瑪兒梭士之著人口論。謂人類繁殖、其增加之率。常與食物之增加不能相當。食物之增加、算術級數也。由二而四而八而十六。人口之增加。幾何級數也。由二而四而十六而三十三。苟無術以豫防之。則人滿之患。必不能免。而戰爭病疫自殺之風。將日盛。此論一出。而全歐之耳目。皆爲之一動。於是各國人民。見其本國生計之危難。乃羣竭其智力才力。以謀擴充經濟之途於海外。而國家亦知孳生繁衍之人族。斷難使之各得其所。亦遂因其勢而導之。殖民之政畧。遂爲維持人民之第一要義。蓋非此不足以生活。無生活即不能以保人民也。

中國之物產繁盛。天然美富。爲世界萬國所未有。故各國咸奮其力。以環集於此。自吾通商以後。各國採取我之低價原料出口。而更製爲器物。以轉售於我。其吸收吾財以去者。已不知其幾萬億兆也。自馬關條約以後。更進而及於工業。各國利益均霑。皆得於內地設製造廠。取吾低價之原料。用吾低價之人工。即廠而製造之。而更以之售於吾。不費轉運之資。不增出入之稅。其收吸吾財以去者。又不知其幾萬億兆也。乃至甲午庚子以後。更進而及於礦業農業。得尺則尺。得寸則寸。無省不占。無孔不入。而於鐵道航路等。有關於經濟之交通事業。亦爭之無所不至。過此以往。而我人民之一切知識。皆未發達。則其經濟之能力。自亦不能與之爲抗。彼方投其雄大之資本。以大振興其工商業。其人民之移居吾國者。亦源源而不絕。則數年間。中國各地盡爲各國人之住所。而各國人又皆爲資本家。而中國人皆被其所勞働。於此之時。我人民雖欲脫離其關係。然其生活問題。萬不能不仰給於他人。彼乃擁鞭笞推鑿。以迫切於其後。使我不能不聽其趨使。至此則亡種之禍。可以預決。此所謂平民經濟的競爭。亦即平民生活的競爭是也。然此猶就其和平之處分言也。若武力之處分則。更有難言者。蓋自達爾文物競天擇優勝劣敗之理出。謂天下惟有强權。更無平權。權也者。由人自求之。自得之。非天賦也。於是全歐之人民。各務爲自强自優以取勝。一人如是。人人如是。而國家亦遂不能不如是。苟能自强自優。則雖翦滅劣者弱者。而不能謂爲無道。何也。天演之公例則然也。我雖不翦滅之。而彼弱者劣者。終亦不能自存。以故力爭侵畧之事。前者視爲蠻暴之舉動。今則以爲文明之常規。而弱肉强食之風。遂變爲天經地義之公德。於是若非若澳若美。其土人之生存者。日見減少。蓋白人以其强力。今日而投以水火。明日而加以刀鉞。無非欲其消滅盡淨。以自殖其種族。而中國之人民。乃猶夢然不知。習慣於疲懦而不爲怪。不圖自振。不言競爭。其必與非澳美洲諸土人。同歸滅亡。如庚子之役。俄羅斯趨北滿之民於黑龍江者。是其前例。不待言矣。其他如檀香之火。亦慘狀而不堪言。下此者欲入美洲作工而不能。欲入非洲開鑛而有礙。種種諸策。無非欲殺盡我全國之人民而後甘心。若我猶不自振。一有釁端。則各國擁其兵力。以屠毒我生靈。殲絕我種類。即求如揚洲十日。嘉定三屠。尚有封刀之期。亦不可得。東蕩西除。而神洲以內。勢必至無漢滿蒙回藏之種族而後止。此乂平民强權的競爭。乂所謂生存的競爭是也。由是**觀之則**平民競**爭之原因**即爲國家競**爭之原因**以平民有生死貴賤之結果故國家**有興亡強弱之結果**　平民實居實質的**位置**而國家實居抽象的**位置故**今日之**競爭**謂爲國**際的競爭固可**。謂爲平民**的競爭亦無不可**

何以言之。蓋中國素所謂之亡國者。僅國家與國家之興亡。而非平民與平民之興亡。不惟無關乎興亡。且於平民無絲毫之影響受其禍者惟對待之國。對待國代表之人而已。於平民固無與也。故秦滅六國。惟六國消滅而六國之平民仍自若也何也。爲六國之民亦平民爲秦國之民亦平民。其人格固未喪失而未受特別之待遇故也。三國亡於晉。惟三國破壞。而三國之平民。猶若是也。何也爲三國之民固平民。爲晉國之民亦平民。其權利仍猶存在。而無他法以圈制之也。故中國之人民。亦遂視亡國爲無關輕重。受歷史影響者大。而未審察現今之情勢也。試觀地球上現今既亡之國。若安南之人民。轉徙有禁。言論有禁。書報有禁。除納身稅外、更無一權利之可言。若印度緬甸。其待遇雖較安南惟優。然臨患則居前。享利則未有。餘若流球臺灣。亦莫不皆終爲奴爲隸爲馬牛。聽其封割烹鬻而無計。其種族之喪亡。蓋可以立待。其他若猶太種族之漂泊。非洲土人之淪沒。美洲紅人之凋殘幾盡。皆既往之事。而可勿論者也。審如是**今日之競爭**即爲平民生存的**競爭**則吾輩**所當求以自立者亦當以平民的競爭爲標準**雖然以言平民的競爭。則有國際的平民及國內的平民之異。今茲所論及。則惟就國際的平民言。而國內的平民。則付諸其後。蓋所謂國際平民者。乃漢滿蒙回藏一般之人民無貴無賤而同爲平民也。如世界各亡國則不能以平民視之。我中國雖弱而尙未至亡國。則平民之資格仍未喪失。固宜嚴爲保存者。至於國內的平民則漢滿蒙回藏實有異常不平之觀。殆與泰西之喀私德埃士機德者相類。則平民之位置已無可言。故宜急爲改造者。惟是今日人民之危亡國際的爲急而國內的爲緩。雖國際的平民之保存。萬不能不由改造國內的平民收其功。然必人人先具有國家思想之精神。以自振自作。極力對外。而後國家之根本於以固。而後平民之資格可以存則國內的平民改造亦有効然後知爲國內平民之競爭而於國際平民競爭付之不知則是爲亂之階適足以得喪失其平民之結果勢之所趨有必然矣蓋吾爲此言吾非欲吾人民可以爲國內之奴隸而不可以爲國際之奴隸惟專事於外部而無事內部也吾實欲吾人民以至大之精神脫離國內奴隸之籍而與各國平民之籍以爭衡也故辦事之手續雖當自國內的平民爲達其目的之原因而川意之主義則當自國際的平民以收其功効之結果此所謂平民的國家主義而非平民的個人主義也如第知爭國內的平民而不計國際的平民則是欲保護個人而不保護國家吾恐國家亡而個人亦必不保是蓋非保護平民之策而喪失平民之策也故今日之**言平民主義當先言平民的國家主義**而後言**平民的個人主義斯爲完全斯爲無弊**蓋國家雖爲各個人所成立然個人必賴國家保護而後可以特立若失國家之存在則失其個人之存在如西人之來中國也皆個人非國家也而鴉片事起則所以得償銀得五港而以香港爲管轄之區裁判聽其自理若其無國家則個人之力亦無如何也次如天津膠

洲。皆以平民的競爭。而起國際的交涉。以獲大利。下此則通一航。開一港。設一工廠。投資本。攬鐵道鑛山諸利權。雖皆各個人之競爭。然無一不持國家之力。是則西人之所以能爲平民者。惟以依賴國家爲護符。則吾人之所以保我平民者。即當以維持國家爲要務。有國家之權力。即可爲世界之平民。無國家之權力。即喪失其爲世界平民之具。平民人格。固與國家人格。一而二。二而一者也。故二十世紀之大勢。其趨向皆浸淫於伯倫知理之國家主體說。前此之民主主體。君主主體諸學說。乃一掃而空。而國家主權之聲勢。因茲炎炎而不可遏抑。此亦時會使然。而非人力所能强制者也。

由是言之。國家之安危。旣如此其重。其關係於平民。又如此其切。而現在國家消滅之現象。其危機殆已間不容髮。則不可不維持國家之存在。與不可不擴張國家之權力。以保護此平民之資格者。固不待言而知之矣。唯是維持國家者。其責任將誰屬乎。關於此問題。是不可不辦明也。而中國之現狀。及一般學者之論說。其誤解者有二。茲特辨之。

(一)誤解國家爲君主私有物。遂以保全此國家者。惟君主可能。而其餘則無責任。且無能力也。某報勸告開明專制即屬此類此其爲說。蓋浸潤五千年來舊有之學說。其巨謬有非一二言之所能匡正者。夫此意之由來。則以君主據有統治權。則君主即國家。如昔之羅馬。近之俄國。及我國。正如路易十四。所謂朕即國家者。皆斯言之現象也。然考其實質。則君主之意思。實非能行國家之意思。君主之一體。實非能代國權之主體。君主雖爲最高人格。而實非國家人格。何也。蓋此說之根據。以君主專制故也。惟其專制。則主權萬能。以君主之力。則無事不能舉。然求之實際。政體果爲君主專制。而其力乃反爲薄弱。正亞理士多德所謂專制政體。最不能完全行使其力者是也。故謂專制政體。以道德服人才智服人。而貴族政體與共和政體。以力量服人。猶可說也。若謂專制之獨夫眞有制服億兆之能力。以擔當國家之危亡。此出於君主萬能。如神如天之謬想。而成爲不可名狀。不能實現之事實矣。故吾黨謂專制之君主。惟能行驕淫無道之意志。而不能行高遠有道之意志。即所謂能行昏聵專制。而不能行開明專制是也。蓋昏聵專制者逞一己之欲而取其適意者以爲之羅天下之財以供一人之玩好不必假他人之力而可以一人之意向完全行使之故曰萬能也若開明專制者則無一事不借助於人而後可以理天下之務既借助於人雖復欲行其個人之意志則其勢必有所不能故專制之國其政權仍多在政府或政府以外之權臣而君主之權反因而遞減此即英君在位亦然而昏庸之君主臨朝爲尤甚今試以現勢觀之。中國之危亡。曾有不能以須臾待。而所謂居九重臨萬里者。乃方擲無量金錢於萬歲山中。鎖閑歲月。不知世界有破家亡國事。樂吾所獨樂。爲吾所自爲。外交弗知也。內政弗計也。惟取其爲吾消遣地步者。則爲之也。近聞袁張入閣。各報傳說。以爲欲實行立憲。故調封疆親信重大之臣。以商度之。後査其底裏。乃爲欲行廢立。恐其効劉坤一不奉詔之故。智而故召之來京。故憲政設施。略未言及。處堂燕雀。曾不知大履之將傾。翱翔自得。夫亦何怪其然也。雖然。彼實僅能行此等無意識之事件。而開明之政治。彼匪特不欲行。不知行。亦且不能行。何也。稍有大事。交部會議。甲以此弊爲言。乙以彼害見告。反覆曲折。卒至無爲而後止。問亦有雷厲風行强之使不得不辦者。如庚子以來。所謂學堂。在聖諭已不啻三令九巾。促其急辦。此亦所謂切要之圖。而君主雖未必見到。然亦虛演故事。而僞諭亦迫之再四矣。今試問各省所設之學堂。能遵諭照辦乎。則現象具在。皆有以知其未能也。其辦之稍有効者。匪其督撫具有開明之識。則其鄉紳素有通達之智。而後收其効果。無少隔閡。然此等特別行爲。雖無勅旨。亦不能阻其進行之志。下此者。固陋成性。縱日以電詢。月以詔問。而其敷衍了事。與前此之腐敗行爲。仍無少異。故近日學堂。惟以舊有書院。換一學堂招牌。而內容悉仍其舊。且較前有考試時。書聲盈耳者。尤不能及。滿地皆然。可以爲證。此亦足知君主能力之大小矣。且不特現在爲然也。即中國素號爲專制老大帝國者。考其歷史。君主有一能完全行使其意力者乎。除創業之君主外。可斷言其無權勢之可言。如秦之丞相。威權所及。過於人主。漢初仍之。後更傾其權於大司馬。魏晉以來。皆屬中書。後以中書令爲貴官。常不親奏事。多使中書舍人入奏。遂居權要。唐初猶然。中葉以後。宦者操國柄。設爲樞密使之職。生殺予奪。皆從所出。外部諸權。悉歸藩鎭。宋金以樞密使專掌兵務。與宰相分職。當時謂之兩府。元時軍國重事。皆屬中書省。明太祖誅胡惟庸後。廢中書省。而設六部。

事權漸歸宸斷。然一日萬機登記撰錄。不能不設官以掌其事。永樂中漸復中書省之舊。其後天子與閣臣不常見。有所諭。則命內監先寫事目。付閣撰文。而宮內之秉筆太監。其權遂在內閣之上。清初行政。即至票本使大學士在御前擬票。康熙中有南書房擬旨之制。事機仍屬內閣。雍正以來。本章歸內閣。機務及用兵。則軍機大臣承旨。其權勢直盛至今。由是言之。則通古今中國之君主。殆無一能攬統治權者。一人之力。豈足以及於億兆京垓之人。事務如斯。莫能强也。而近世一二無識者流。乃反有所謂勸告開明專制之政見。其亦無識之甚。而可發一噱者也。姑勿論現在之君主。非漢文帝宋仁宗之英明。即令有之。亦斷不能以一人而肩此國際競爭之重任。雖有拿破命亦不能趨野蠻生蕃。而與大陸諸國以爲戰。雖有華盛頓。亦不能率紅人黑奴。而與英吉利以相爭。故近世各國。視君主爲無關輕重之物。而定無責任者。蓋亦此也。就法理言之。國家爲統治權之主體。而君主實司其機關之一人。亦與平民之人格無以異。同立於國家統治之下。故君主之死亡。與國民起而除獨夫。以立新主。皆不過司機關者之易人。非惟於國家無所動搖。亦於平民無所防害。即於機關上亦無所影響。此一般學者所承認。而碻不可易者。更就各國之現勢論之。美國之大統領。憲法之改正。既無裁可權。通常之法。亦無發案權。及裁可權。唯有停止的不認可權而已。召集議會之權。亦僅限於例外。至其解散權。則絕對無有。爲法國亦然。憲法改正。屬於議會。大統領雖有召集議會之權。然不待召集。每年定日。自能集會。法律裁可。亦無其權。唯有要求再議之權。是皆與全國之公民無以異。不過於形式上畧優而已。然此猶曰大統領雖爲國家之元首。而非君主之權力所可比也。英吉利。亦君主國也。其法律乃以國會之名。即以君主及上下兩院所組織之國會之名而發布者。非僅以君主之名也。至若德意志。及日本。君權雖優。然(一)則最高機關之下而有與之相幷爲直接機關之議會。以參與立法權。則非經議會議決。不得制定法律也。(二)則君主國務之行爲。必需國務大臣之副署。始得生法律上之效力。(三)則裁判所有獨立地位。不立於君主指揮命令之下。凡此者皆於君主有限制。而非獨任其專斷也。如是可以知君主之責任。乃與一般平民之責任同其大小。對於負荷國家之權力。蓋未有足表異於平民者。凡我同胞。盍亦自審之哉。

（二）誤解國家爲官吏的占有物。因以保全國家者。惟官吏之責。而下此則未當局即。無權力也。（某報主張要求政府立憲即屬此類）此說之開始。即以不在其位。不謀其政二語爲衣鉢。無論政府之不可恃。無所用其依賴。即使可恃。則自視其身。卑下已甚。其爲有志者所不齒。亦無容疑。況今之中國政府。不惟不可恃。且足以敗國事者。又何心而必事其依賴。此吾甚不解者也。今試入中國官場。聽其高談。審其意味。其無心血喪良知。眞有令人見而痛哭者。律以凉血動物。猶不足以方其噩噩求厭口腹之狀。某得一優差。則競相誇耀。某放一苦缺。則代爲殷憂。告以亡國。則曰非干我事。告以滅種。則曰無可如何。以不擔肩爲特長。以不作事爲取巧。瞳瞳焉惟望紅頂花翎之加諸我身。他事非所聞。他事亦非所計。惟有防礙其昇官發財之目的者。則噭然一動。過此已往。又不復爲來日計矣。惟此輩之心。似歉國家設官。各有職事之制度。尚不便於己若設官不爲辦事起見。但薄得俸薪養廉。花衣頂戴。而彼乃大樂。乃心願矣。其偸惰無恥。至於此極。二十行省中。其官吏之如此者。殆居十之八九。無怪全國之景象。黑闇無比倫矣。間亦有一二自命爲通時局者。拾得無數新名詞。縱談時局。妄議朝政。復用三數似通非通之幕府。鋪張揚厲。且洋洋矜己能以革新見長。如近日當道之以半開名者。皆爲此道中人物。然使其一意求新。亦無所議。乃一言立憲則反對之聲。充斥盈延。匪曰人民程度未到。即曰政治機關未敷設。拼能引東西歷史以爲證据。問其居心。蓋以實行立憲。爲有防害其野蠻之自由。蓋若大權在握。任我所欲爲以自快。其藏身甚巧。其措詞甚周。其中懷實不堪問。必欲待此輩變法。而付以保存國家之任。曾不若奉贈於英俄法德美日本。從速之爲愈。非吾固爲危言。實有必至如此之結果。事勢所趨。有斷然矣。然此等情狀。亦不特中國今日惟然也。在歐洲百五十年前。無實如是。設官者爲自己之利。往而任官者。亦爲自己之利。變國家與機關的關係。爲私人的關係。任官者惟知有君主。惟知有一己。不知有國。亦不知有人民也。故君主於官吏。無異契約行爲。但契約之種類繁多。比較言之。則君主出資以傭官吏。官吏亦以得君主之金而獻其勞力。則有雇傭契約之性質。官位可以賣得。出金多者得高官。出金少者得微官。復有買賣之性質。包辦釐稅者。論收入之總額。不問其徵收之法。與比較之盈絀。又有請負契約之性質。官無定位。以納金於其長官之多寡。定往官之地。及在官之年。更有賃貸約之性質。原此諸意。故其政治。亦晦盲否塞而不堪問。而居達官高位者。雖明知新政之當行。以有防害於一身遂不惜出死力以爲抗。必待人民大革命後而始爲改脫。故十八世紀末年之大凡。皆由於此。而因以喪國亡種者。已不知其幾許國家。迄今苟以此事詢諸西人。必有大怪而詫異者。以其改革已久。人民皆未睹此等怪現象也。而中國方行之若素。恬不爲怪。惟抱其利已主義。爲惟一之方法。以此輩心腸。立於國家機關之上。以當此現世競爭劇烈之世界。較之盲人騎瞎馬。其危險殆尤過甚。欲國不亡。其可得哉。雖然。此輩之居心。固亦視亡國爲無關輕重。而亦何容責者。英來則從英。俄來則從俄。如聯軍之入京。京師大僚。爭繫各國歡心。以求爲開國元勳之階進者。舉朝皆是。而後此之事。更可知矣。曠觀各國滅亡之慘。其人民荼毒之苦。殆不可以名言。而其無恥官吏。且助其爲害。保其固有之位。若安南緬甸印度朝鮮等國。幾至無一官吏而非奸細。故受其實禍者。厥惟平民。而彼輩仍立於關係之外。如元時之劉秉忠。清初之洪承疇。悉皆此類。且因此而更享優先之利權。言念及此。眞可爲痛憤者。雖然。亦無怪其然也。世界各國。無責任之人民。即無責任之政府。以政府之人。皆自平民來。豈有爲平民而不負責任之人。至爲官吏而負責任之人。況乎官吏者。乃國家之雇傭也。而代表國家之意識者。即爲一般之平民。則謂官吏爲平民之雇傭。亦無不可。故西人稱官吏爲國民之公僕。亦爲確當不移之名號。惟此負一國主人翁之人民。亦必有所以完全行使其主人之資格。而後傭工不至於放棄其職務。苟主動者不自行其監督之實。而欲被動者之奉命惟謹。抑亦不可得之事矣。準是而言。則官吏者。乃奉令承敎之人。而非有完全行使其意之人格者。故就行政言則外交軍事司法財政內務五大部。凡各文明國。皆人民定有一定之成文。爲官吏者。不能不奉行。稍越其範圍則羣越而攻之。揮之使去矣。中國外部不辦外部之事。商部不辦商部之事。惟坐食於京華。逍遙歲月。推其原因。亦由監督者只君主一人。而彼可以敷衍了事。若人民知所自處。强之以不得不行。則彼縱頑劣。亦必知所懼矣。此皆關乎人民能力如何。而非關乎官吏之能力如何也。而乃有要求政府立憲者。蓋皆誤認官吏足以擔國家責任之人。試反覆思之。可以廢然返矣。

合二者而觀之。其不足以當國家之責任也明矣。故吾一言以斷之曰。今之國家。非君主的國家。政府的國家。乃爲平民的國家。此其理由。試詳言之。

國家者。亦宇宙間之一物也。其形式之現象。即所謂有形之要素。土地人民是也。其精神之現象。即所謂無形之要素。統治權是也。故國家無形式。則其精神無所依據。國家無精神。則其形式亦將瓦解。然則欲求維持國家之根據。必自精神與形式觀之。欲求其精神之强弱。形式之良朽。必自其活動之主體觀之。夫所謂活動之主體者。即心理的主體也。國家者。自各個人心理搆造而成者也。故人民爲國家之形式。而具形式者。人人有國家思想。即由各個人之心理。搆成國家之心理。則統治權必固。統治權既固。則國家之精神亦固。而國家自無喪亡之憂。是維持國家者。乃全國人人之心理。而非一二人之權力可知矣。故國家之心理。即集合一般平民之心理。則國家之人格。即爲集合人格。特集合人格者。非僅由形式而合成。亦非僅由精神而合成。僅有形式則。蠻族生番皆形式也。而何以散漫無歸。不能成國家也。僅有精神。則浩魄英靈亦精神也。而何以渺茫無憑。不能成國家也。惟以平民之形式。貫以國家之精神。集合而成。乃完全矣。故一國之心理。君主一人。固不足憑。寡數官吏。亦不足據。惟多數人民之心理。以達其國家惟一之目的。斯國家治。斯平民安矣。況乎國家雖爲統一的全體。而其搆成之分子。則爲個人個人皆有自由活動之心理。其自由者有出於自然共同。非强勉也。國家即以其自然之心理爲心理。故國家組織之變更。非任自然而發生。實有自然必至之關係。迫之使不得不然者。而國家之狀態。亦遂不能不因平民自然發動之意思。而累生變遷之象。是則國家之意思。不能離各個人而有意思。惟各個人之意思。不能自爲統一。必賴國家而後能統一之。然此統一之意思。雖爲國家之意思。然實各個人之意思。如是。則爲平民的國家者。亦可以深信無疑矣。故現今萬國。其國勢之盛衰。恆以平民的權力爲標準。英吉利民權發達極鞏固。爲世界各國之冠。故其國力普照全球。而無與爲抗。其次莫如美。而特立西半球。不惟本國而人不敢侮。即南美諸國。亦皆託其護佑。其次則如德如法如澳意等各强國。亦莫不因民權之盛。而國權始强。惟俄羅斯民權無可言。然尚有地方自治。以伸其意。特不能大展民力。故一遇日本。則兵即摧敗。由是言之。則平民之能力繫重於國家也如此。故吾以爲平民權力之盛衰即關於國家之盛衰。而特定爲平民的國家者。蓋以此也惟吾之所謂平民的國家者非如盧梭所謂平民爲主體而認人民爲有主權也蓋集合多數人以成國家則其最上之主權旣非一人之所得私亦非數人所得據必以奉之最無上團體之國家然國家者固不能自爲活動而必依賴其下之全國人民自不能不以主權而委付全國人民以運用之則主權者國家之所有主權之形所發於外者則一般人民之指導也惟是人民旣受國家之囑託則即與國家爲共同利害關係欲期無負於國家以自保其身者亦惟有以愛己之心擴充而爲愛國之心國保而後身可保也若僅保身而不保國是特自棄其身焉得爲保身者哉緣此之故而世界各國人民苟非欲拋棄其人格蓋無一不愛國者他國且不論即以日本言之以區區之三島。一躍而爲六大强國之一。虎眎鷹瞵之强俄曾不足以攖其鋒。而皮相者惟見其陸海軍將帥之得其人。而不知其舉國一心皆視國家存亡爲一身之關係。試觀日露戰爭時。其兵士之奮勇者姑勿論。而其未從軍之傭工輩。亦多有以其賃銀而充軍實。其他如命婦減銷耗品以即理髮費以給征人者。指不勝屈。而微賤單寒之小使下女。且皆有所報効。此其精神如何，感情如何，吾聞之見之未嘗不崇之尊之。而感歎不已者，雖然以勢理推之。亦無甚足異也，何也。使其戰敗。則三島必難自存。而招俄軍之荼毒慘殺。又不知若何情狀，若其勝也，則日光之旗。縱橫地上而享無量之光榮。一敗一勝。皆係於平民之自身，此固有迫於情勢之不得不能者。國家之興亡。即一己之興亡，而并無他人以代之也。然吾因是感之，而益歎我中國人心之夢夢。莫可救藥也。其爲日本婦孺能解之義。而中國以名士自命者。乃懵焉不知。其視國家不啻如越人視秦人之肥瘠。而漠然無喜戚於其心。且自視其身若立於第三者之位置。嘻笑怒罵軒輊人才。某爲誤國，某爲敗事，兢兢道之，若有碻當不移之概。試轉而詢其抱負。則以未得權勢爲辭。其心似明。其口似辯。而其無愛國心則既達於極點。殆亦與彼所謂誤國敗事者。無甚大異。不過一立於前而放任。一立於後而放棄也。而一二之束身自好者。又乃絕口不談時政。以爲一身甚微。何足與國家事。其望於君主。不啻若帝天。其對於政府。不啻若神明。而自視且不啻與螻蟻相類。問其何以如斯。則又以一身原無關乎國家之輕重。其志可恥。其情可憐。而其痿痺不仁。又已至於無可醫治之地。嗚呼。中國之士。號稱爲開通者。既已如斯。而下者又何足論。無怪國勢之危亡至於如斯。而未有底止。則來日更可知矣。吾推其致此之由。是蓋不知平民爲何意義。平民與國家爲何關涉。以故放棄至此。而莫之怪。故吾今爲推**翻故常起見特標愛國二字**以期**勿負此平民之實**更標此責任心三字以實行**平民愛國之志** 蓋愛國者。非愛以空言。而愛以實行也。如前所言諸類。口中亦未常不言愛國者。然其責任恆以之責諸人。而己則無時不立於無責任之地位。此即責任心之所以不起。而放任心之所以來襲。斯國家之事。皆成放棄。中國今日之現象。乃此實質放倒之故也。殊不知愛國二字。非徒以口舌爭長。乃一般平民應當實行之責任。而又非君主的責任及政府的責任也。蓋國家之名詞。時印於平民之胸頭。國家之體質。常壓於平民之肩上。更無推卸之人。更無逃避之處。孟子曰舜何人也。予何人也。有爲者亦若是。又曰待文王而後興者。凡民也。若夫豪傑之士。雖無文王猶興。後此若范文正謂先天下之憂而憂。後天下之樂而樂。顧亭林訓天下興亡匹夫之賤與有責焉斯皆我先民以國家爲己任。而不依賴君主及政府之詞也故予以爲苟有眞正愛國心者則其愛國之心必甚而其責任心亦必强何也。人生終不能自外於一國而別於國亡以後求生存之法則扶危而使之安救亡而使之存亦不過爲我自身圖保存立增進幸福何得容其謙遜亦何容其顧慮而乃足進趦趄口言囁嚅終日皇皇徘徊於不足輕重之蛙名蠅利以視神州陸沉銷鎔種族於盡淨罔不爲人顧寧不爲己顧乎故予之所謂責任心者乃**所以自保而非第以保國家也** 惟予之所言而必以 **保國爲先務者** 以保國家即足保一身而非保 **一身即足保國家也** 若徒爲 **一身計而不爲國家計則中國已大有人而四百兆中十居八九固嘗自負其責任心者** 又不待予之大聲疾呼爲也試觀中國一般社會之狀況鄉黨自好者以勿談國事爲長何也畏其爲累身之具而獲禍也至一己之爵祿則趨腥若蟻。一身之利益則爭食如犬而更自造一種魔道德外以不管事爲宗旨。以飾其醜。以美其名至其甚者且持外國之威力淩虐小民。

恐懼官吏。若內河之小輪。原多中國人民所自辦。皆建外國旗。以橫行。洋行中有爲中人所設者。又恆託外國之名義。下此而入天主耶蘇各教會。冀以欺侮凡民者。又不知其幾千萬也。能富彼者。彼即爲之。能尊彼者。彼即投之。來歷不問也。同類不惜也。而失國體者更亦不計爲何關係。且安以爲常焉。若是者。其受病皆由不知愛國一念之所致。嗚乎一人如是已可危矣。衆人如是更何論也。吾恐積久而全國如是則樹順民旗進萬歲傘者。將不須庚子大亂時而亦爲之不恥也。人心至此。尚可言耶。然吾爲此論。吾亦非欲將我全國人民所懷抱之爲我主義。消滅淨盡。吾實欲我全國人民。擴充此主義。鞏固此主義。求如何而後能眞爲我。求如何而眞能保我之資格。使其永不墮落。則捨愛國之心。外更無他道。捨愛國之責任心。外又豈有他實行之方法也。如是。則我平民之趨向。亦惟有持此愛國之責任心。以爲進行之意旨可也。雖然。一言愛國。一言責任。則必至有干涉一切政權之行爲。而君主官吏。擁重權大。兵亦必持極端壓制主義。而我平民欲達其維持國家之目的。勢必不能償則暴動手段。亦情勢所難免者。於是老成自命者流。不知國家主義。一經見此。必引以爲大戒群起而譁呼曰。是不守秩序者。是不守秩序者。嗚乎。其爲此言。蓋不知所謂眞秩序者。全國治理綱舉目張人人之生命財產皆得安全而無危險有和親康樂之風而無恣睢悖戾之象一切外侮無以用其干涉斯乃謂之眞秩序故吾之所謂秩序乃新秩序而非舊秩序因是而必破壞舊秩序乃可以建設新秩序苟欲達其目的則萬非脫離此專制君主腐敗政府以掃其庭而犂其穴又豈有第二之方法爲下手之方針。若君主如故政府如故而平民亦如故一切靜守不事力爭以無動爲大戒以自立爲狂行自以爲能守秩序則中國近數十年來外患頻陵因循不變今日割一地明日喪一城其他喪失一切之權利皆非所謂守此等之秩序者乎而何以危亡之機即於此中肇其端也安南人民最稱能守舊秩序者奉法唯謹不輕暴動亡國二十年而八股考試之風較前尤甚惟殺戮之慘日有所聞錮制之苦口不能述而人口之數不知較前減少幾許此亦可爲龜鑑者果其守秩序而欲如此乎吾竊料我中國君主政府或願爲此而我平民必不願聞此予可能代表者也蓋吾國處此二十世紀之大戰場迫於潮流所不能不至者一切舊習俗舊制度破壞亦破壞不破亦破壞不急起而改造之以圖一勞永逸之快樂焉乃以苟且偸閑優游湖山朝事與亡等諸流水以此爲守秩序吾恐英來矣法來矣日俄德美亦相繼而爭至矣雖欲守此秩序而亦不可得刀鋸歟斧鉞歟奴隸牛馬歟皆今日舊秩序之兌換品而日人所謂輕氣球乃爲支那人新發見之新大陸者若可挾此秩序而往彼處守之亦未始非計之得也嗟嗟歐風美雨捲地飛來生死關頭只爭一間與其奄忽一息待命於鼎何若飈標萬里際會乎風雲與其因因循循受他人之摧殘以爲生何若轟轟烈烈我自摧殘之爲愈與其飽現在之愉樂而受他日之苦惱何若拚現在苦惱而收他日之愉樂與其作鼠子避穴而成動物上爲無足重輕之物何若學鯤鵬圖南而作逍遙遊以大展扶搖之志若蒼蒼者旣無我顧帝呼天之實質決決者又皆彼張牙試爪之情狀我不自勵人亦何樂而不鯨吞之我不自亡人亦何術而能蠶食之一死無再厲之辜百敎皆應享之福拚吾熱血試吾靈腕揮吾短刀馳吾匹馬以發洩其胸中不平氣與羣魔轉戰乎中原馳驅乎萬里以期勿負此身爲國家一偉大平民豈非吾輩所應有之事耶豈非吾輩所應爲之事

耶。

未完

予固主張平民主義者此篇發端之論以國家爲前提即本近世伯倫知理之學說『國家爲貴君次之民爲輕』之意義蓋必有國家思想對外觀念而後改造內部方爲有効若徒言平民主義不以國家爲先則祇擾亂國家亦烏從而達其平民之目的故此論於平民的實質意義如民族『組織』及『政治』等重要問題尚未論及似於平民二字不甚愜怡國民人民均可易之於此疑問對於此篇亦本無完全之解答惟因後此之所論皆當以此篇爲起點而又全屬平民的理由故萬不能不標平民二字以明吾宗旨此後所著欲盡其發揮者亦以此爲標準而不逸出於常軌之外凡我同志倘希諒之

著者附識

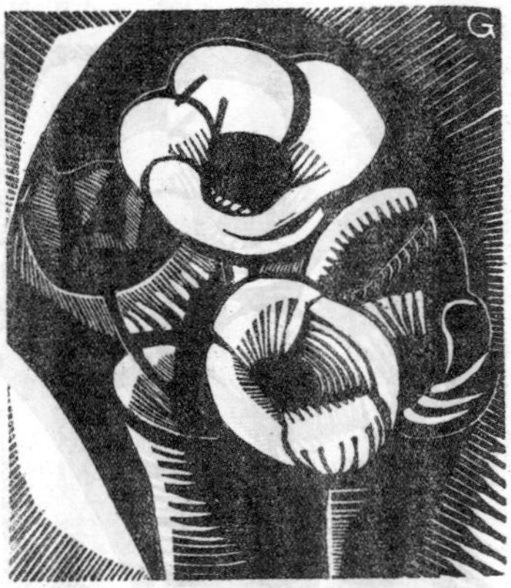
G

論民氣爲建立軍國國家之要素

虞石

亞州自歐風美雨東漸以來黃髮碧眼之强兒挾其滅國殖民之政策鉗制黑奴棕種之手段握手而登亞陸爲飛而求食之擧首當其衝者土耳其印度緬甸西伯利亞印度緬甸亡於英西伯利亞攫於俄土耳其假宗教剛强不屈之精神血戰十年割黑海於俄復償金三億一千萬留始得延殘喘於舊巢亦幸矣循是以往英由印度窺西藏俄由西伯利亞窺滿洲蒙古美由北太平洋攫檀香山菲律賓法由安南窺雲南德據膠州窺山東不數十年黃皮病夫跌者倒者死亡者奴隸者種種醜態怪狀皆演於崑崙南北長城左右之地痛矣哉六百年前所謂黃禍一變而爲白禍矣數千年相傳之

古國一變而爲鬼區矣此豈來刼大難無因而結此惡果乎自來列强之亡人國也必先窺其民氣之消長以爲進取之方針故有新大陸之民氣英皇斂瓜有意大利之民氣與相束手有希臘之民氣各國認其獨立日本以民氣來黃禍之謠菲律賓德郎士哇兒以民氣挫列强之鋒是以國無大小地無東西種無黃白未有不以民氣之消長爲轉移者也緬甸之民氣怯懦而亡安南之民氣頹靡而亡猶太之民氣馴柔而亡印度之民氣暗昧而亡亡國之民無生氣既死之灰難復燃前車之覆後車之鑑也吾中國之民氣何如乎吾中國之中國（即河南省別號）民氣何如乎扶之不能止其顛肩之不能止其墮情同坐井勢如鎖樓冕旒蔽目不見日月之光絲纊塞耳不聞雷霆之聲生於專制政體之下不日壓制太甚轉曰皇恩浩蕩處於窮困流離之鄉不曰苛政似虎轉曰食毛踐土盤旋於太虎（燈名）之傍寢臥於暗室之内珠簾不捲留香久短笛無腔信口吹此謂煙氣爭步步生蓮之巧羨倚門笑買之能妖童竇馬鐵連錢娼婦盤龍金屈膝此謂粉氣左三山右八銘嚙文嚼字鏤雲刻月口談渾沌之天心遊羲黃之世此謂腐氣往來於閥閱之家奔走於顯貴之門城狐社鼠東鑽西蠹見君子則趾阻遇大人則囁

嚅此謂奴氣面積雖有數萬里人口雖有數千萬皆走肉行尸耳求其攜手烏梁河飲馬長城邊黃沙百戰穿金甲不破樓蘭終不還之勇氣如朝露如春氷如爝火之光如大野之燐故外人之踐我境也見其地大物阜山河縱横則賑然喜見其軀體其躬傀偶其形則訝然笑日本尾崎行雄之言曰『支那民族之性情習慣尚文好利非尚武好戰以尚文好利之民族雖積節制訓練之功亦不能匹敵尚武民族』俄儒篤魯亞之言曰『支那國民有排外性質無排內性質由於無國家政治思想』日本民黨首領大隈伯之言曰『支那民族無發揚蹈勵之氣伈伈俔俔依賴政府終必步韓國之轍』夫外人之論我國民也如數一二如辯黑白字字刺激言言中肯而吾國民尚在不識不知之間如入五里霧中如坐輕氣球上任彼沐猴而冠肉食而鄙者奴隸之魚肉之玩弄而顛倒之曾不少介意焉豈吾同胞盡涼血動物乎抑無腦之黑奴乎或具奴奴之資格如木雞養到安之若舜天堯日乎非然者何鞭其肌膚而不知痛梏其手足而不知奮復酣歌漏舟之中安寢燃薪之上也吾言至此吾眦裂吾腸斷吾欲鞭君主之骨欲碎腐儒之腦欲登泰山之巔招國魂於鄉鄉之中欲衝東海之流鐻民氣於滔滔之內民

氣者國魂也民無氣而即死國無魂而即亡軍國民者民氣之代表國魂之現象也故欲保存國家當陶鑄國魂欲陶鑄國魂當實行軍國民主義欲實行軍國民主義當力鼓民氣民氣者又國魂之原質軍國國家之種子也民氣鼓則國魂不待招而自歸軍國家不待立而自成然吾所謂民氣者非匹夫拔劍之謂非野蠻排外之舉蓋國民獨立不羈之精神震蕩不拔之氣概孟子所謂浩然老子所謂道在易爲乾在人爲剛在天爲星辰在地爲河嶽如美國自由鐘擊之以脫父母之懷如法蘭西革命旗持之以布民主之政如嚴將軍之義頭可斷而心不可移如顏眞卿之忠舌可割而賊不可不罵其發揚蹈厲奔騰不遏之狀又如黃河伏流一瀉千里旭日當空照耀五洲如天子劍直之無前舉之無上按之無下運之無旁上決雲漢下絕地紀橫盡八荒豎盡來刼雖維也納平和會議不能遏三帝國神聖同盟不能禁秦始皇毒蛇專制之手段不能撓梅特涅飼狙豢虎之政策不能防故是氣所磅礴賦之於物爲指佞草爲向南枝爲薑桂之性愈枯愈辣爲松柏之堅愈寒愈秀鍾之於個人爲萇宏碧血三年而化爲荆卿入秦虹氣貫日鍾之於群爲睢陽三十六人爲田橫五百壯士爲山嶽黨爲麪包軍

鐘之於國則現一不可思議之狀態結搆之妙造化瞠目凝固之堅理化束手惟見赴湯如渴蹈火如飴處搶林彈雨之內如兒童舞勺置鐵馬金戈之叢似游魚在水一人死之百人繼之百人死之千萬人繼之欲滅其國當殲其族不然留數人焉亦困獸猶鬥背城借一嗚呼此何氣也此即民氣凝結不解之軍國魂是謂余不信請舉歐洲之軍國以實吾言

軍國民之制胎孕於斯巴達蔓莚於全歐斯巴達當歐洲上世紀時爲一彈丸黑子如處垓下四面楚歌知非有特別精神教育不足生存於天演物競之世乃創一通國皆兵之制嬰兒呱呱墜地時卽檢其體格壯者留弱者棄年十歲時卽編入青年隊凡社會上下之制度皆以軍政之制度範圍之一切之舉作行爲皆以軍人之資格約束之從軍時母送子妻送夫之祝言曰『願汝携楯而歸來不然則乘楯而歸來千載下讀之猶令人有立馬千丈之概夫斯巴達當隆興時歐洲尚在文明幼稚時代天賦人權之論自由平等之思未達於腦蒂間也獨以排外之性質行之又成效大著而今世之軍國何如乎列強軍國之精神培根於普法之戰發達於中日之戰普魯士一千八百

七年。結的里西條約以後軍政家沙崙賀士深痛募兵之弊。倣行軍國民制屢戰勝法。聲震全歐。全歐之軍制一變。及中日之戰。列強始而震驚繼而垂涎。恐不能分我一盃羹也。於是擴張軍備之議。不約而同叩弦待發俟鷸蚌而收利候蹯熟而下箸請先序列國之軍備而後言其精神焉。

美現役陸軍人員二十萬。戰時可增至一百五十萬。海軍爲世界第四。

英現役陸軍人員二十三萬。戰時可增至八十萬。海軍爲世界第二。

德現役陸軍員六十萬。戰時可增至三百萬海軍爲世界第三。

法現役陸軍人員五十一萬。戰時可增至二百五十萬。

日現役陸軍人員三十二萬。戰時可增至一百七十三萬。

俄現役陸軍人員一百餘萬。戰時可增至四百六十萬。

美國上議院提出擴張軍備之案曰『美國之獨立實由鐵血而購得今豈甘落列強之後坐視其蠶食鯨呑之餘波渡大西洋以撼我乎』蓋美國自孟魯主意出現以後國民之腦質中皆含有美國者美國人之美國他國不得以爲殖地如有以兵力干涉

兩大陸者是有害於合衆國合衆國之國民當死力拒之此等思想鑄作國魂故與西班牙搆釁也青年志士聯袂從軍者以萬計及非里比納島之戰海軍大尉比雷率部下潛航彈丸雨注間自沈其艦於桑的亞莪港以阻敵進爲海戰希有

德意志當未聯邦前存亡不一羣侮雜至受拿波崙蹂躪者屢屢民心之積憤如潮湧如火燃躍躍欲試者非一日矣俾公乘之揚波激流持鐵血以幹旋其間卒能建獨立聯邦之勳及功成乃謝之於小學校之學生不良有以乎其少年歌曰『脊力强兮心志雄阿爹盍賜一口劍誰言乳臭不奏功滿腔已蓄丈夫念丈夫偉業進取可寧與小兒事細娛榮光吾亦如阿爹誓爲祖國効此軀少小志念自不羣生平所弄唯介胄昨夜夢中赴敵軍身負大傷益奮鬭〔下畧〕讀之令人唾壺欲碎

法蘭西當路易十四時內訌交集外患迭作國民一肩荷之無所震動北逐英德聯軍南擊西葡軍又平班代以州之亂拿翁奮起創餘復蹂躪全歐置英德俄奧西葡諸國於肘腋之間揉之如帶玩之如珠非精神魄力有過於他族者能如是乎

日本尙武精神自封建時已爲社會習慣人種特色至中世不振武功貞觀延禧而降

武家有特別敎育迨鎌倉開覇以來臨濟曹洞兩禪宗流傳以後益收武士完全修養之效其國人有恒言曰軍者國民之負債也軍人之精神本領不獨限於從戎者通國皆宜兵之藤田東湖曰甯爲武愚勿爲文弱故其國之車夫走卒皆以大和魂呼之武士道命之晝通國爲十數師團名謂常備軍不在師團者名謂後備軍餘則謂國民軍日露戰時童子爭串錢助餉女子爲綳帶從軍海戰有塞港之舉陸戰有爭壘之雄其少年歌曰雄君不見地底火力億萬斤勃乎爆發海之隅北半球之大陸四潰裂東方剏造別寰區高者秀爲富士嶽屹然出海如斧斲低者沒爲琵琶湖合沓中州乘斗樞東西南北三千里河維流兮山維峙天公一擎斯山河賦與日本快男子（下畧）以激昂慷慨之詞發獨立不覊之氣此豈獨獲爲亞洲之雄邦乎

英吉利自南非洲戰爭以還深知招募之不足恃上下若狂大改良軍制英相哈彌董曰英國之海陸軍須常有駕乎其上者數國以形容之則雖糜費國帑不慮也其軍制與政制合而爲一雜用三法曰以同族關係組成之軍隊曰墾地列選出之精兵曰隸於心服將帥下之騎兵其軍隊外征直不啻載其族法及地方制度而挾與俱行故凡

征服之地戰血未乾草萊方刈已奠鞏固不拔之基

俄國之所以能雄視地球者無他全恃兵力其尙武之風在尙武之國當首屈一指其國每歲得二十歲以上之男子八十七萬人服役陸海軍者二十八萬七千人士官可得三萬七千人下士二十六萬人分通國爲二十九師團作爲十三營區鷹瞵虎視直欲席捲亞東以達彼得大帝之遺謀

總列强軍國以觀其精神之活潑敎育之普及盤根錯節以成確乎不拔之勢縱善於學步效顰者亦難匹敵其一二雖然求木之長者必固其根本欲流之遠者必浚其源泉列强之軍國非無因而即能成立也經數千年弱肉强食數百年民氣澎漲乃能達此鞏固完全之一日故美國軍國也美國之民氣何如乎以五十人於波士敦港內拋英船所載之茶三百函於海英大怒封鎖港口戰機以迫遂於一千七百七十四年開大會於費拉得爾得亞代表者十二洲與駐洲內之英兵衝突復開會舉若耳治華盛頓爲總督血戰者八年聯合諸洲者十稔德國軍國也德國之民氣如何乎一千八十三年擊破拿玻崙以後朝野上下俱養成愛國精神日期自由統一主義之大成會維

也。納會議不饜輿望。遂有七月之變。未幾蜂起者數邦。倡廢封建時代之特權。組織責任內閣。及出版自由。行陪審之制。法國軍國也。法國之民氣何如乎。剽疾成性。躁動喜事。革命者數十年。變易國體者三。更易憲法者十二。及布共和政治後。更迭內閣者復十餘次。演歷史上空前絕後之偉劇。貽歐洲自由平等之幸福。下至英日俄三國之軍國。亦莫不假乎民氣。日英兩國。世稱爲和平革命。非由大流血而得者。然其歷史。英廢王者數次。日有鎌倉之獨立。南洲之反抗。民黨之鼓噪。俄羅斯世稱爲專制君主國也。然農民有揭竿之暴舉。學生有革命之運動。處無黨有狙伺之陰謀。驚擾慘黯之狀。至今而益甚。

（未完）

論著之三

二十世紀黃河

悲谷

黃河中國腹心之患自古云然故其勢如急風驟雨一經衝決氾濫肆虐智者失其謀勇者失其力即平時無事而河防修葺增卑培薄一入伏秋而創險之處年有所聞耗費不貲絕未有持久之計以爲黃河流域禍故說者謂治河無一勞永逸之功惟有補偏救弊之策不可有喜新炫奇之謀惟當收安常處順之休循兩河之故智守先哲之成規便是行所無事舍此他圖所謂惡其鑿矣噫豈果其然乎抑腐儒拙守之見不知變通者也世界文明日進天下無不可去之害況山川水土萬國公認爲天地自然之利獨黃河一任其爲患豈非大憾事不才生於河濱長於河濱黃河之利弊頗聞一二將博徵古今來治河得失採訪東西洋治河

新法以除千古害興萬世利將興航運開輪駛爲中國父老便將用水力機械與製造建工場使黃河兩岸爲工業會歸之區將藉水力磨擦電氣使電車電信電話電燈等四通八達徧國中夫航運通則潼洛鐵路開濟鐵路可勿修水力借則嵩嶽太行泰岱碟礦可從緩此說也非徒託諸空談而實有其理非妄也今人不爲後人必爲之吾人不爲外人必爲之何必將此大功大利推於後人讓於外人也請臚陳管見。

一交通上之黃河　太平洋海航交通而日本海朝鮮海黃海渤海汽船縱橫往來如絲網如大連旅順營口大沽芝罘長江香港汕頭皆各國大輪輻輳之區就表面觀之商業之發達文明之壯觀在中國固屬交通會流之地然此皆沿海邊陲而內地大陸受其影響實尠雖鐵路貫輸南北僅河南直隸而已而山東山西陝西甘肅受其影響實尠如長江通而江蘇浙江江西安徽兩湖四川便閩江通而福建便珠江通而兩廣便白河通而天津北京便黑龍江鴨綠江通而滿洲便惟靑豫晉秦隴爲中國之腹心臨一黃河未能得其利反任其蹂躪爲千古莫禦

之患譬如人之畏虎勢使然也設虎一入我檻穽則必搖尾乞憐於我矣又如强漢懼婦養使然也設男兒剛德自振打破牢籠之綱婦亦何敢侮夫而人之畏河不治非畏虎之比實懼婦之比非勢使然乃養使然何則我之勢終不敵彼之勢曰勢使然我之勢本大於彼之勢而反居彼勢下曰養使然養使然者使我勢張則彼勢殺鐵橋其一徵也數千年來治河者不思遠謀圖邀近功致使其威頻逞一衝莫遏黃河永遠之害遂定爲鐵案故一言治河興利莫不嗤之以鼻此失於不知河之虛實有慮夫費鉅功大此失於不知河之交通之要黃河通航內而五省血脈流通外而六洲文明輸入使支那半部機關靈活在此一舉否則長江以北如病癈猶人痺痿不仁指臂不顧遑言振興以禦强敵吾曰欲中國不亡亦不得少此一舉

二通商貿易上之黃河　沿邊各大埠貿易日盛聲勢日隆然據每年調查表則出口貨實不及進口貨之多試觀各處大商店大洋行盡皆洋貨而中國出品物陳列於外國者實不多見如綢緞古磁器彫刻等類間有長於洋貨然實未能暢

行於外洋不過作爲備觀而已惟絲茶綿米羊毛牛皮等類出口最多因外洋人衆土寡出產不附用此等物較外國實價低不下十倍而人買此作爲物品原質稍加製造則種種用品通行外洋如皮靴及毛絲織物等蓋彼一則獲利二則便民此汽船之所以四運不絕也中國因而物價稍漲固頗受

出進口諸貨價值表

	洋貨進口價值	土貨出口價值
光緒二十六年	二一一零七零四二三兩	一五八九九六七五二
二十七年	二六八三零二九零五	一六九六五六七五七
二十八年	三一五三六三九零五	二一四一八一五八四
二十九年	三二六七三九一三三	二四二一五二四六七
三十年	三五七四四四六六三	二三九四八六六八三
三十一年	四零二一九九五九二	二八九五八二三一二

其影響於此又有二故一土產之不研究致人物土皆曠廢二搬運不靈脚料又

加數倍雖京漢鐵路通而運料未見大減使黃河一治則直接通運中國地大物博土產出口雖多本無足慮況獲利又厚以有易無何施不可人民趨利或借此而生勤物更倍出久之或研究製造之法不期而漸自進步矣而陝山富商大賈中原陶晏鉅手從此露首面於各國稱手段於環球中國國旗飛揚海上徧及外洋在此一舉也亦未可知

三經濟上之黃河　中國國帑空乏則惟知剝民滿清入關以後賦稅已達極點又虛爲飾詞以博民惠曰後世如再加賦非吾子孫也抑知不加賦之加賦更有重於加賦者如正賦以外民間每年支車支馬支軍需差支學務差支流行差更有奸吏惡役費一徵十種種名目以騷擾鄉里或按地畝均攤或按戶口照算雜徭幾踰正賦且有踰正賦數倍之時至今外交屢敗用度更形不支乃有良臣爲之謀不加賦而加稅故自大而鹽商鑛產小而柴草斗糧凡一買一賣莫不有稅一加再加至無可加猶不足也又有良臣爲之謀迫捐視縣之肥瘦則每縣能鬻若干份一委之知縣知縣委之村長里正而迫鬻於民間嗟不知爲民開生財之

路但知剝民以折東補西此國之所由弱也各國之賦稅則因利而抽非硬加也如鐵路輪船等類則人須納通行稅然乘車坐船納之於定價之中買賣兩不以爲苦設黃河一通則稅關必設出口稅也進口稅也通行稅也反思以前每年所賠者而比例之當爲經濟上添一大段公案況沿岸商業工業發達更有無窮之利益比較之於民間商間小買小賣者加稅爲何如也

四軍事上之黃河　守穴待斃軍家大忌豫晉秦隴四省四不臨海無論山河之險不足恃即人衆財豐亦不足稱雄若不急擴張軍務是與守穴待斃無異惟黃河通運尙可望鋪海軍於東海與南閩北燕相聯屬一旦有事則陸軍亦運輸靈捷或不慮有鞭長莫及之患且兩河士民招募徵調易於集合夫然後如身之使臂臂之使指也否則釜中魚案上肉而人之攫食於垂手之間耳

五過去之治河得失　黃河自禹功告成之後迄元明凡五大徙而忽決忽塞者不與焉蓋西北地高東南地低水之必就下者勢也史記河渠書謂河所從來者高水湍悍難以行平地乃北載之高地斯言不亦鑿乎禹之治水也順水性耳故

禹貢所載砥柱孟津洛汭皆在河南府至大伾則在濬縣界北洚過水又北播九河同爲逆河入於海此古黃河道也禹能順其勢而導之就下所以歷二千年而無水患至周定王五年河徙自宿胥口而東北合漳水至章武入於海自此而黃河始多事矣漢成帝時馮逡奏言下流土壤輕脆易傷嚮所以無大害者以屯氏河通兩川分流也今屯氏河塞必有潰決之患宜浚屯氏河以分殺水力議不行果決東郡金堤按馮逡之言因見於一時水勢大而未知河決之病源也使其策果行則水勢殺而沙愈停滯是更速其決也哀帝時賈讓治河三策上策則激而放之使北入於海此禹故智也然防遏河害民生壞城郭廬墓漢之時非禹之時也此不可行中策謂據堅地作石堤開水門穿溝渠此與馮逡議同不知河流日久則土愈鬆愈鬆水愈濁平時之水以斗計之沙居其六至伏秋則居其八以二升之水載八升之沙非急湍流急必難刷沙故水分則流緩流緩則沙停任伯雨曰河流混濁泥沙相半流行既久迤邐淤澱則久而必決者勢也此中策更不可行惟下策則繕堤勞費而後世永遠行之不知至今日而仍當有所變通矣元史

賈魯至正河防記殆庶乎幾潮夫治河有疏有濬有塞三者異焉釃河之流因而導之謂之疏去河之淤因而深之謂之濬抑河之暴因而扼之謂之塞疏濬之別有四曰生地曰故道曰河身曰減水河生地高者平之以趨卑高卑相就則高不壅卑不瀦慮夫壅生潰瀦生湮也河身者水雖通行身有廣狹狹難受水水益悍故狹者以計闢之廣難爲岸岸善崩故廣者以計禦之減水河者水放曠則以制其狂水隳突則以殺其怒塞者治堤堵口是也有剏築修築補築之名有剌水堤截河堤護岸堤浮水堤石船堤堵口有岸埽水埽龍尾埽攔頭埽馬頭埽其爲取台及推捲牽蘊堊之法有川土用石用鐵用草用木用絙之方決口有缺口豁口龍口缺口者已成川豁口者舊常爲水所豁水退則口下於堤水漲則溢出於口龍口者水之所會自新河入故道之潨也此歷來河工大概情形如此其詳細工程筆不勝舉迨明劉大夏之治河一疏潘季馴之治河兩議及清張鵬翮奏工事八宜李鴻章上勘河四端莫不大同小異各因當時情形少爲增損而已自禹治水之後歷五千年而未敢大有所變更也此其中蓋有由焉一歷代治河大員未

有專門研究河務而起身者黃河情弊不惟不知亦且不聞一二日有事則翻幾本成書拾他人之腐說奉之以爲箴銘胸無成竹絕不敢別開生面三治河者莫非敷衍塞責暫顧一時之效以邀功賞並非爲國計民生計久遠也此河之所以永爲中國腹心之患也

六世界開鑿之大運河　亞細亞亞非利加之間則蘇彝士海狹也經法人佛埃爾及南勒塞普士開一運河名蘇彝士河東通紅海西通地中海初由中國繞非洲至歐洲費三月餘始可達此河一開則一月內即可徑至歐洲其便利爲何如也此河之開也煞費周折自西歷千八百五十八年創議至千八百八十年始告成河之長僅百哩而費二十餘年之久者蓋蘇彝士係土耳其與埃及兩國之地而勒塞普士則法人也加各强國之掣肘利此害彼之議紛紛不一勒塞普士奔走各國之間遊說運動至千八百七十五年始獲認可於是立會社賣劵招股又二三年始興工河之開僅一二年之工耳現亞美利加巴拿馬地狹在太平洋大西洋之間又從事於開鑿矣蓋生地而尚開爲運河非深知利益大關係重者

胡爲乎此況河川者猶人身之血派所以商業也運輸也灌溉也西人相依以爲命者也故如來因河之上中下三段長七百六十哩寬八十六哩跨瑞、德、法、三國之間其沿岸商業之富人煙之密風景之宏地味之饒誠爲世界大觀其他如多腦河域堡魯噶河得牟斯河麥爾及河皆與來因河相頡頏故論者謂此歐洲之三大動脈二大貿易河也近而如我之揚子江稱曰中國寶庫貿易交通之事業日形繁盛獨黃河兩岸長而數千里寬而數十里一望平灘無人敢近其黯淡淒慘景況令人望之寒心噫抑何相去之遠也

七現在之黃河情弊　治河金鑑曰毋惜費毋掣肘嗟此二言也予兩河職工開無限財源不知黃河猶是水也河南自洛沁併入其流始急然未有不可抵制之說常見一柴埽經數十年而不壞一石壩經數百年而不少動者有之所謂土堤一日而刷數尺河水一日而漲數丈者此容有之說不常見者也取利者藉此以威人不知者遂受其所威而畏之予自有知以來每患河水之小而船運不便未曾患河水之大也間有伏秋大雨水而河輒增二三尺三四尺者不過數次所謂

黃水漲溢平南北堤此好事者之笑談千年未有之事也而不知者已信爲眞而畏如虎矣故善爲政者曰築堤曰設防更加職官夫役以守之以河南一省計之河南管河兵備道一員（今裁併）分守河北河務兵備道一員上下南北河管河同知六員州判一員通判四員縣丞二十三員主簿十四員巡檢典史共三員河營守備二員千總四員把總四員河兵千餘名堡夫一千四百餘名現在雖不無少有變遷而每年所需之欵不少省也嗟以如許職員依之以防河者不知適以害河耳所謂河兵堡夫空有其名試觀沿河兩岸兩堤數千里堡房坍塌或空閒何嘗有一人以看守也管料者則尅公自肥一旦有事無料可支甚至虧空大者付之一炬以泯劣迹或虐民過甚則民火其料以報之如前年祥河廳之連燒七墩所毁不下數十萬此中不無情弊也管河渡者勒索行人攫十報一其他如補葺堤岸繕修船隻建太王廟與河神祠每年耗費不貲此常事也至於盜決黃河延緩塞口尤爲可殺不可赦者如河防志盜決有數端坡水難消決而洩之一也地土磽薄決而淤之二也仇家相傾決而灌之三也至於伏秋水漲處處危急隣堤官

險老倘便處盜而洩之諸堤皆宜保守四也此四者尙不在其例河岸尙有一種無賴之夫窮迫之徒借此以謀利者蓋河一決則彼等之飯碗就矣至河之略有劇險不過十人之力一日之功即可補救者則大呼小怪恐喝聾瞶馴而上下其手積至於耗費鉅萬更有胥吏猾役通同作弊狼狽爲奸口之塞也一時即可合龍故爲違誤甚至數旬累月不能塞蓋口一塞則彼等之飯碗去矣此黃河之所以可憐所以難治也

八河渡之野蠻　說文古者共鼓貨狄（黃帝臣）　刳木爲舟剡木爲楫以濟不通又墨子古之民未知爲舟車時重任不移遠道不至故聖王因水爲舟以便民之事是知船渡原以便民非以禦民也月令乃命舟牧覆舟註舟牧主舟之官詩招招舟子傳舟人之濟渡者是知古之有舟牧舟子以監引之而民乃實得其便今之管河委員及船頭豈非猶是舟牧舟子之意乎乃兩岸渡口勒索訛詐與禦人行刼者無異也如河南之柳園口黑坑口孟津口則官口也特設有八府官船以便來往官商過客過河分官車貨車官車一套（即騾馬一頭）制錢一百貨車一套制錢二百

此定價也其他如擠推食力之人概無船費而今不然所謂官車則貨車以外如人坐行李皆官車也而今則大有分別焉有勢力有威權者則官車無論出錢與否又作威又急渡否則雖人坐行李與貨車等或分外要求如買籤錢上船酒錢裝卸車酒錢拉騾酒錢種種難以屢晰更有鄉野村戶素未曾過河者名之曰牛車其勒索更甚貨車一套二百此平時耳若逢風雨天氣及河漲落不定稍爲涉險之時則無定價也加倍或加兩倍之時皆有之至於推擔食力之人更苦有出錢數次者有錢少而抽貨留物者使人吞聲隱忍敢怒不敢言種種惡現象員令人望之髮指推原其弊則官河委員非有大差從不到河口一望任一幕友或一僕人一聽其與船頭作弊、再船雖係官而一切船夫水手無工錢也故載車則委員船頭稍公折分餘船夫水手則惟意外勒索及擔推食力之人耳然反思此等船夫水手亦甚苦黃河船有順風則借帆力否則惟人力人力非篙撐即纜拉故無論天氣如何嚴寒河水如何冰冽苟無順風或水淺必須赤身下水拉船此亦誠非易易若不痛除宿弊急爲改良廿世紀之人間烏能容此等野蠻現象乎

九黃河之航路無定　黃河無一定航路故無一定渡口忽上忽下不時遷移因河水携沙而至下流稍爲緩滯上流沙即擱停故今日雖爲數丈深之河明日即可成土灘故渡河者對岸不過里餘而曲繞或至二三十里不等順時則二三小時即可渡不順則一二日甚至十數日及月餘尚不能渡者（如河冰結船不能行）故擱淺之虞時有所聞凍冰之患年有所見此皆黃河不治河身太寬之病也嘗觀黃河之正河流處不過數十丈以數十丈之河而皆漫至於數里身太寬則流緩流緩則沙停沙停則航路塞此勢之所必至也欲治黃河其惟有束之之一策乎

未完

論著之四

論豫省近世民生之疾苦

豫省之地古稱中州爲衣冠人物所彙萃宛洛汴許古稱都會洛陽名園之記東京夢華之錄遺編具在可覆按也北宋以降水道日淤交通日塞致殷富之區淪爲荒蕪又經異族之蹂躪日行苛政以病其民致文物日衰人民益趨於愚朴主治之人又利用豫民之愚朴以爲豫民易治遂以治民者病民而豫民之疾苦不堪問矣試即近世之事言之。當明末之時。李自成由陝東犯汴省之地罹禍最酷決河灌城。民無孑遺。雖明清之交未以重兵相戰。然順康之際亦未休養生息據李之弼奏疏謂山東撫臣耿焞、河南撫臣賈漢復、以懇荒蒙賞而百姓以賠熟受困。歲增十萬之賦稅大約多得之於鞭笞敲剝呼天搶地之孑遺而非額內樂輸之賦稅致怨苦之氣。積爲冷厲見徐乾學憺園集幼菴朱公墓誌　又據彭尺木湯斌行狀。謂康熙二十三年。河南大災。遣官往勘。斌言使者所至。苛擾實煩。每縣之中。一閭遣使。輒綴耕待勘。是再荒也。見二林居集由是而言。則租稅之苛。供億之煩。均始于順康之時。豫省之地。夫固民不聊生矣。及雍正之時。以田之鏡治豫。挾其威權。以制吏民。察吏則專嚴酷。凡以科目爲吏者。悉加彈劾。袁權臨川李公傳云紱爲直督過河南河南督田文鏡勢方張劾十員半皆科目。責以蹂躪讀書人田以入告紱亦上疏以劾之　以至政尚苛猛。胥吏四出。犯囚充囹。闔各屬逢迎爲暴。見呂星垣湖北巡撫盧公碑　復搜括民財。橫徵暴歛。于旣荒之後。欲誇所屬之豐。以重取于民。豫民經此巨阨。故智者日趨于愚。富者日即于貧。强者日流于弱。自是以降。則旣荒之田。責民以賠糧。杭世駿瑞州府知府陳君士璠墓表云河南省有鹽磏沙河灘壓定等地千餘頃無業賠糧民人額部請求豁免押解回籍數次　燒鍋之禁。限民以積穀。孫嘉金疏此禁雖徧及中國然豫民之苦最巨　上而朝廷。下而官吏。于疑似之獄。嚴刑以逞。滅族破家者。踵相接。于雲南優人朱虎山。則誣爲謀不軌。株連數十百人。于新蔡民率衆救水。姓潁州人　則誣闔村爲吳月黨。發兵勦捕。即盧魯生諸獄亦株引萬千。此嘉道以前。豫民所罹之苦也。夫豫民昔日所罹之苦。旣若斯之盛。而就豫民之生計言之。則一入其境。道路荒廢。塵沙漫天。閭舍蕭條。鮮實之家。乞丐之民相望于道敝衣惡食莫之或恤而脩武諸邑之民于樂歲之中尙或雜樹葉爲食（見熊其英致南中書）可以知豫民生計之艱矣然而祥符之稅猶甲于天下私稅之額又倍于官徵分外之誅求無名之賠補賄賂滋章數百年如一日甚至於鹽則禁民私販另設兵以捕民于商則重稅以徵均入私以肥己貪殘之政罔可勝窮豈非主治之人利用豫民之愚朴而爲此竭澤而漁之計耶故豫省之繁盛今不逮昔雖然豫民之陷于此境有不僅由于愚朴者證以最近之事實而可知豫民疾苦之原因復有三端一曰兵禍豫省之地居天下之中爲四方所必爭如川楚敎匪之役蔓延豫境推其原因則因株連太衆激成民變然豫省之軍則因之以病民于鄉勇爲尤甚涇縣包世臣素持練鄉勇之說者也繼目擊鄉勇之無狀則與某君書曰官軍姦淫擄而不殺敎匪擄殺而不姦淫至于鄉勇則姦淫擄殺無所不至即魏源作聖武記深頌平匪之功然于豫軍虐民之狀亦記載特詳足證軍士之病民不減于盜賊不獨川楚之民慘罹浩刼也又如咸豐之時洪楊起于西粵北犯豫境而豫境之防一委之勝保僧格林沁繼者則袁甲三諸人莫不兵驕士橫刼掠民財姦淫婦女名曰救民

實以病民于豫省軍情則又巧爲掩飾此固路人皆知者也及捻黨嗣興當權者不知招撫且驅民以爲賊任其縱橫不計保民之策及捻黨勢成則又困以長圍前後夾攻爲聚而殲殄之策戕殘民命不可勝稽而官軍之病民尤爲古今所未有故胡林翼奏疏深斥豫軍之驕虐其激成民變即曾國藩之奏疏亦曰凡流寇所以日聚日衆非良民皆樂于從賊也祇因賊騎剽忽刼掠居民不得耕穫百里廢耕則百里之民從賊偸活千里廢耕則千里之民從賊偸活今鳳潁徐泗歸陳諸郡幾于千里廢耕而官兵又騷擾異常幾有賊過如篦兵過如洗之慘民之仇視官兵于賊匪反有恕詞即從賊亦無愧色此甚似流寇之象證之可危者也（同治四年奉旨覆陳疏）由此疏觀之則捻黨擾民于前官軍擾民于後官軍之虐較捻黨爲尤甚唐元結之詩有云使臣將王命豈不如賊焉此之謂乎又近歲以來河北官吏催科孔急致釀成孟縣之變大吏不察以兵鎭民合邑騷擾誅殺無辜又周口諸口偶有教案亦以兵力相威又歸德之地與蘇皖二省相錯盜賊橫行于其間兵吏將弁欲藉以邀功則張大其詞統軍直前以誣民爲匪殺戮頻仍試思豫省之民誰非赤子今則視民命爲至輕

斬殺惟命則所謂法律者果安在耶此豫民所受之疾苦一也二曰旱災（豫省之地本多河道故田疇衍沃今則爲豫省官吏者于固有之水利不知開濬或有名無實故民旱災）豫省之地古稱上國至于近世則平原曠野地多荒蕪間種黍稷深耕易耨者少人倚牛耕鹵者下種不復顧問不脩溝洫仰食于天幸天之時爲灌溉又以兼幷制行家率數頃或逹百頃以上故務廣而荒賦輕民惰一畝之入歲以斗計愚民病農利之薄或改植烟草故偶罹水旱之災即赤地千里當光緒四年豫省苦旱河北之地罹災尤重據熊其英致南中書謂荒區之民死者十之四五各路栖流日增月益自彭城入豫境所見所聞莫非慘況道路相望鳥抓爭食棄孩在路哀號失所汴城食貴衣賤書籍什物視柴價爲低昂陜州及豫省西北人或相食又謂河北之武陟河南之鄭州滎澤其民疾苦萬狀又因頻年飢饉死氣積爲疹疫幾於十人九病而溝壑餘生復鳩形鵠面待斃不暇歸里無資（以上均熊其英書）又又據袁寶恆奏疏謂自被災以來民困日甚除流亡不計外豫省災黎仍不下五六百萬又據潘少菴豫行日記謂徐州附近豫民陸續南下均失人形或中途病故歸德諸縣災民哀呼之聲不絕於耳多撲地而死汴城各古廟難民垂死者無算生者

無以爲養死者亦無以爲葬即衣冠士族亦或鬻賣男女不克自存而鳳陽丹陽揚州之客多以賤價購婦女生離之痛慘于死別即凌塗趙翰致南中書亦謂被災之民羅掘忍飢甘心一死村莊房屋十室九空草根樹皮剝食殆盡弱肉强食同類相殘爲數百年未有之慘加以旱災未弭天變叠乘林縣之雹延津原武之蝗沁河之決口均相繼而興而吏胥之中又揑册報荒侵漁賑欵以愚弄其長吏即爲富不仁之戶亦復不施一粒且酣歌痛飮罔恤民災亦見熊其英致南中書達官大僚雖議賑荒之策然于賑荒之欵欲計日以償取諸豫省地丁捐項臥廬文橋晉豫賑荒策謂晉豫罹此奇災民之死亡過半牛種耕具百不一存豈遽能加額徵收以償數百萬之巨欵足證官吏及富民決無賑恤災民之意且利用其災以爲營利之計其宅心之惡豈堪問耶此豫民所受之疾苦二也三曰河患黃河爲北方巨患歷有歲年豫省之地適濱黃河而治河之官自總督以至丞倅數十百員竭天下之脂膏給河工之煩費以致病國病民甚至官員藉河務爲升階吏胥藉河決爲利藪寧使水患之煩興不顧民生之大計于疏築之功不復注意無事則酒食樗蒱以歌舞滛佚相慶樂稍有潰決則苟且抵塞幸以卒事且資以漁利滋弊日深如道光時林則徐有查驗豫東各梁完竣而其堆料

積弊更僕難終蓋料物應貯於有功處所而河隄地段本不甚寬兵夫堡房既經林立積土雜料又復紛紜秫稭每梁長至六丈寬至一丈五尺占地既多故隄頂未能盡堆惟首層在隄上者謂之門梁其餘則爲攤梁爲底廠大抵門梁近在目前多屬完整灘梁底藏即爲掩藏之藪最易朦混其顯然架井虛空朽黑霉爛者固無難一望而知更有理舊翻新名曰併梁以新蓋舊名曰載帽中塡碎料雜草以襯高寬旁插短節稭根以掩空洞此雖一端然足觀河上之舞弊矣

或潛潰其防冀董治河工役沒巨資道咸以前此弊益甚至咸豐五年黃河北流而蘭儀諸邑之民深被其災同治十二年河決東明豫省東北之疆又罹水患然防河之役實去名存以致光緒十三年黃河泛濫由鄭州決口直注東南浸及開封陳州歸德三府村莊被水害者以千百計

據河南巡撫倪文蔚查明黃河經過地方疏云先後接據各府州縣稟報水由鄭州東北兩縣東姚等堡流入中牟縣市王莊出境被水者一百二十村莊中牟縣城被水圍繞漫水所及三百餘村莊由中牟而入祥符縣境大溜趨向朱仙鎮南之閙店及于西南之趙店正南之井腰鋪東南之西市等堡四面皆水滿水及于鄢陵縣之鄗村等處其淹浸四十餘村莊其通許之吳台邸閣等處數十村莊亦有漫水深至七八尺不等而太康縣境水由崔橋至長營挾河出槽直趨東南入于鹿邑境其西華縣惟沙河以南三十餘村莊不受水害西華與淮寧商水兩縣之周家口北塞爲淮地面亦被水淹淮寧縣境水由柳林集會賈魯河大沙河之水散漫靡常致淹一千五百數十村莊南流入於頃城縣由李村等牌流赴沈印縣紙店等處遂以槐店出境至歸德府屬鹿邑一縣亦經黃水漫及由西南鄉四塚集等處流入洛河黃溝河東流入于安徽太和縣境此各屬現被水災之情形也臣詳加查核以中牟尉氏扶溝西華淮寧祥符鄭州七州縣爲最重太康頃城沈邱鄢陵通許次之商水杞縣鹿邑又次之於豫省水患言之甚詳

田疇湮沒室廬蕩然被溺之民以百萬計其僅存者或繫戀廬舍株守高阜希冀水涸或蕩析離居無所得食莫保且夕之命或扶老攜幼逃亡他境以迄丐爲生或鬻妻賣子冀得賤值以延殘生其困苦之情雖鄭俠

所繪流民圖不是過也然推其致此之原因則因治河之臣不明刷沙之法而山東之吏乾沒挑濬之費豫省之官復懈防河之策以致洪流潰決民無所居豈非在上之人視一己之營利爲重而視萬民之生命爲輕乎此豫民所罹之疾苦三也觀於以上數事足審豫民疾苦所由來並足徵豫民之陷于疾苦均由在上之人病國病民是何豫民之不幸乎況近歲以來豫民之況日趨于貧自賠欵之額由豫省分攤而捐目日增自兩宮由豫入燕而供張之費悉取于民隨行之臣且因之以苛索以致民窮財盡道路咨嗟加以鐵路既通而御車之民失業若躬操築路之工役則斃于西人之手者又不知凡幾故豫省之貧民有散爲盜賊者兼有受姦民之誘而爲豬仔者反是以思則豫民所受之疾苦爲何如耶夫一國政治之得失則于人民之安樂和易而不在于僞文明今豫省之中其所謂僞文明者並未見進步而人民之安樂和易轉遠遜于前則民生日陷于困難之故也主治之人安得不尸其咎乎

人間之歷史

譯述　　令飛

（德國黑格爾氏人類起原及系統即種族發生學之一元研究詮解）

進化之說黈灼於希臘智者德黎至達爾文而大定德之黑格爾 E. Haeckel 者猶赫胥黎然亦近世達爾文說之謳歌者也顧亦不竺於舊多所更張作生物進化系圖遠追動植之繩迹明其蔓衍之由間有不足則補以化石區分記述蔚爲鴻裁上自單幺近迄人類會成一統徵信歷然雖後世學人或更上征而無底極然已十九世紀末之言進化者固已大就於斯人矣中國邇日進化之語幾成常言喜新者憑以麗其辭而竺故者則病儕人類於獮猴輒沮遏以全力德哲學家保羅生亦曰讀黑格爾書之徒衆吾德之羞也夫德意志爲學術之叢保羅生亦愛智之士而猶有斯言則中國抱殘守

闕之輩耳新聲而疾走固無足異矣雖然人類進化之說實未嘗瀆靈長也自卑而高日進無既斯益見人類之能超乎羣動系統何昉寧足耻乎黑氏著書至多輙明斯旨且建種族發生學 Stammesglschichte 使與个體發生學 Ontogonie 並遠稽人類由來及其曼衍之迹羣疑氷泮大閟犂然爲近日生物學之峯極今乃敷張其義先述此論首途止於近世而以黑氏所張皇者終

人類種族發生學者爲言人類發生及其系統之學職所治理在動物種族何所由昉事始近四十年來生物學分支之最新者也蓋古之哲士宗徒無不目人爲靈長超邁羣生故縱疑官品起原亦彷徨於神話之歧途詮釋率神閟而不可思議如中國古說謂盤古闢地女媧死而遺骸爲天地則上下未形人類已現冥昭蒙闇安所措足乎屈靈均謂鼇載山抃何以安之衷懷疑而詞見也西國創造之譚摩西最古其創世記開篇即云帝以七日作天地萬有摶埴成男析其肋爲女當十三世紀時力大偉於歐土科學隱耀妄信橫行羅馬法王又竭全力以塞學者之口天下爲之智昏黑格爾諡之曰世界史之大囧 Die grossten Gauklerler Weltgeschichte 非虛聲也已而宗教改

萌景教之迷信亦漸破。歌白尼首出。知地實遶日而運。恆動不居。於此地球中心之說隳。而攷覈人類之士。亦稍稍現。如韋賽黎 Vesalins 歐斯泰幾 Enstachins 等。無不以鉅驗之術。造智識於光明。至動物系統論。則以林那出而一振。林那 Car von dinne 者。瑞典耆宿也。病其時諸國之治天物者。率以方言命名。每雜而不可理。則箸天物系統論。悉名動植以臘丁。立二名法。與以屬名與種名二。如猫虎獅三物大同。則謂之猫屬 Felis 而三物又各異。則猫曰 Felis domectica 虎曰 Felis tegris 獅曰 Felis beo 又集與此相似者。謂之猫科。科進為目。為綱。為門。為界者。動植之判也。且所箸書中。復各各記其特點。使一披而了然。惟天物繁多。不可猝盡。故每見新種。必與新名。於是世之欲以得新種博令譽者。皆相競摉採。所得至多。林那之名大顯。而物種 Armtn 者何。與其內容界域之疑問。亦同為學者所注目矣。雖然。林那於此。固仍襲摩西創造之說也。創世記謂今之生物。皆進自世界開闢之初。故天物系統論亦云免諾亞時洪水之難。而留遺於今者。是為物種。凡動植種類。絕無增損變化。以殊異於神所手創云。蓋林那僅知現在之生物。而往古無量數年前。嘗有生物棲地球之上爲今日所無有者則末之覺故起原之研究遂不可幾並世博物家亦篤守舊說。無所發揮。即偶有覺者。謂生物種類經久久年月間不無微變而世人耳之咸拒不能昌也。遲十九世紀。初始如誠有知生物之進化之事實立理論以詮釋之者其人曰蘭麻克而冠偉實先之

冠偉 Cmuier 法國人。勤學博知。於學術有偉績。尤所致力者。爲動物比較解剖及化石之研究。箸化石骨骼論爲今日古生物學所由昉。蓋化石者太古生物之遺體留跡石中歷無數劫以至今其形了然可識於以知前世界動植之狀態於以知古今生物之不同實造化之歷史自泐其業於人間者也揣古希臘哲人似不無微知此意者而厥後則牽强附會之說大行。或謂化石之成。不過造化之遊戲。或謂兩間精氣。中人爲胎。迷入石中。則爲石蛤石螺之屬。逮蘭麻克查貝類之化石冠偉查魚獸之化石始知化石誠古生物之留蛻其物已不存於今而林那創造以來無增減變遷之說遂迕然冠偉爲人。固仍襲生物種類。永住不變之觀念者也。前說垂破。則別建變動說以解之其言曰。今日生存動物之種屬。皆開闢之時。造自天帝之手者爾。特動植之遭開闢非

止一回每開闢前必有大變水轉成陸海墳爲山於是舊種死而新種生故今玆化石悉由神造惟造之時不同則狀自殊異其間無係屬也高山之顚實見魚貝足爲故海之徵而化石爲形大牽撐拒慘苦人可知其變之劇矣自開闢以至今地球表面之大故至少亦十五六度每一變動起舊種悉亡爰成化石留後世也其說逞肊無實可徵而當時力乃至偉崇信者滿學界惟聖契黎與抗於巴黎學士會院而冠偉博識據壘極堅聖契黎動物進化之說復不具足於是千八百三十年七月三十日之討論聖契黎遂敗冠偉變動之說盛行於時

雖然不變之說遂不足久饜學者之心也十八世紀後葉已多欲以自然釋其疑問於是有瞿德 Goethe 起建形蛻論瞿德者德之大詩人也又邃於哲理故論雖憑理想以立言不盡根於事實而識見既博思力復豐則犂然知生物有相互之關係其由來本於一原千七百九十年箸植物形態論謂諸種植物出皆原型即其機關亦悉從原官而出元官者葉也次復比較骨骼造詣至深知動物之骨亦當歸一即在人類更無別於他種動物之型而外狀之異特緣形變而已形變之因有大力之構成作用二在

內謂之求心力在外謂之離心力求心力所以歸同離心力所以趨異歸同猶今之遺傳趨異猶今之適應蓋瞿德所研究爲從自然哲學深入官品構造及變成之因雖謂爲蘭厤克達爾文之先驅蔑不可也所憾者則其進化之觀念與康德Kant倭堪Oken諸哲學家立意略同不能奮其偉力以撼種族不變說之基礎耳有之自蘭厤克始

蘭厤克 Gean Lamarck 者法之大科學家也千八百一年所著生體論已言及種族之不恒與形態之轉變而精力所注尤在動物哲學一書中所張皇先在生物種別由於人爲之立異其言曰凡在地球之上無間有生無生決無差別空間凡有悉歸於一故支配非官品之原因亦即支配有官品之原因而吾黨所執以治非官品者亦即治有官品之涂術蓋世所謂生僅力學的現象而已動植諸物與人類同無不能詮解以自然之律惟種亦然決非如聖書所言出天帝之創造況冠偉之說謂經十餘回改作者乎凡此有生皆自古代聯綿繼續而來起於無官結構至簡繼隨地球之轉變以漸即於高等如今日也至最下等生物漸趨高等之因則氏有二律一日假有動物雛而未壯用一官獨多則其官必日强作用亦日盛至新能力之大小强弱則視使用之久暫

有差淺譬之如鍛人之腕荷夫之脛初固弗殊於常人逮就職之日多則力亦加進使反是廢而不用則官漸小弱能力亦亡如盲腸者鳥以轉化食品而無用於人則日萎耳筋者獸以動耳者也至人而失其用則留微迹而已是爲適應二曰凡動物一生中由外緣所得或失之性質必依生殖作用而授諸子孫官之大小强弱亦然惟在此時必其父母之性質相等是爲遺傳適應之說迄今日學人猶奉爲圭臬遺傳之說則論諍方烈未有折衷惟其所言固進化之大法即謂以機械的作用進動物於高等是已試翻動物哲學一書殆純以一元論眼光燭天物之系統而所憑藉則進化論也故進化論之成自破神造說始蘭麻克亦如聖契黎然力駁冠偉而不爲世所知蓋當是時生物學之研究方殷比較解剖及生理之學亦盛且細胞說初成更進个體發生學者一步於是萃人心於一隅遂蔑有致意於物種由來之故者而一般人士又竺守舊說得新見無所動其心故蘭麻克之論既出應者寂然即冠偉之動物學年報中亦不爲一記則說之孤立無和可以知矣迨千八百五十八年而達爾文暨華累斯之天擇論現越一年而達爾文物種由來成舉世震動蓋生物學界之光明掃羣疑於一說之

下者也。

達爾文治生學之術。不同蘭麻克。主用內籀集知識之大成。年二十二。即乘汽艦壁克耳。環世界一周。歷審生物。因悟物種所由始。漸而捊集事實。融會貫通。立生物進化之大原。且曉形變之因。本於淘汰。而淘汰原理。乃在爭存。建淘汰論。亦曰達爾文說 Selektioustheoric od. Darninismns 空前古者也。舉其要旨。首為人擇。役有人立一定之儀的。擇動物之與相近者育之。既得苗裔。則又育其子之近似。歷年既永。宜者遂傳。古之牧者園丁。已知此術。赫胥黎謂亞美利加有畝羊者。思羊跳踉。超圈而去。則留短足者而漸汰其他。遞生子孫。亦復如是。久之短足者獨傳。修脛遂絕。此以人力傳宜種者也。然此特人擇動植而已。天然之力。亦擇生物。與人擇動植無大殊。所異者人擇出人意。而天擇則以生物爭存之故。行於不知不覺間耳。蓋生物增加。皆遵幾何級數。設有動物一偶。於此畢生能產四子。四子又育。當得八孫。五傳六十四。十傳而千二十八。如是遞增。繁殖至迅。然時有强物滅其臾弱。沮其長成。故强之種日昌。而弱之種日耗。時代既久。宜者遂留。而天擇即行。其中使生物臻於極適。達爾文言此。所徵引信據。蓋至緜博而堅實也故究進化論歷史當首德黎繼乃局脊於神造之論比至蘭麻克而一進得達爾文而大成迨黑格爾出復總會前此之結果建官品之種族發生學於是人類演進之事昭然無疑影矣

黑格爾以前凡云發生皆指个體至氏而建此學使與个體發生學對立著生物發生學上之根本律一卷言二學有至密之關係種族進化亦緣遺傳及適應二律而來而尤所置重者為形蛻論其律曰凡个體發生實為種族發生之反復特期短而事迅者耳至所以決定之者遺傳及適應之生理作用也黑氏以此法治个體發生知禽獸魚蟲雖繁不可計而遡推本原咸歸於一又以治種族發生知一切生物實肇自至簡之原官由進化而繁變以至於人蓋人類女性之胚卵亦與他種脊椎動物之胚卵同為極簡之細胞男性盡絲亦復無異二性既會是成根幹細胞此細胞成而个人之存在遂始若求者動物界為阿彌巴屬 Stru delwnrmern 構造至簡僅有自動及求食之力而已繼乃分裂依幾何級數成細胞羣如斑陀黎那 Pandorina 作桑椹狀椹空其中漸而內陷是成原腸今日淡水溝渠中動物希時拉 Hydra 亦如是也更進則由心

房生血管四偶曲向左右狀如魚鰓胎兒屈此時適合動物界之魚類復狀之發達皆與人類以外之高等動物無徵殊即已有腦髓耳目及足而以較他種脊椎動物之胎兒仍無辨也凡此研究皆能目擊日審胚胎之發育而得其變化惟種族發生學獨不然所追迹者事距今數千萬載其爲演進目不可窺即直接觀察亦局於至隘之分域可據者僅間接推理與批判反省二術及取諸科學所經驗薈萃之材較量學究之而已故黑格爾曰此其爲學肆治滋難決非个體發生學所能較也

往之言此事者有達爾文原人論赫胥黎化中人位論黑格爾著人類發生學則以古生物學个體發生學及形態學證人類之系統知動物進化與人類胎兒之發達同凡脊椎動物之始爲魚類見地質學上太古代之僦羅紀繼爲迭逢視之蛙魚爲石墨紀之兩棲爲二疊紀之爬虫及中古代之哺乳動物遞近古代第三紀乃見半猿次生眞猿猿有狹鼻族由其族生犬獄次生人猿人猿生猿人猿人不能言語降而能語是謂之人此皆比較解剖个體發生及脊椎動物所明證者也惟个體發達之序亦然故曰種族發生爲个體發生之反復然此僅有脊椎動物而已若更上溯無脊椎動物而深其統

系爲業尤艱鉅於前蓋此種動物無骨格之存故不見於化石特據生物學原則知人類所始爲原生動物與胎孕時之根幹細胞相當下此亦各有相當之動物於是黑格爾乃追進化之迹而識別之間有不足則補以化石與懸擬之生物而自單幺以至人類之系圖成圖中所載即列生自穆那羅 Monera 漸進以至人類之歷史生物學上所謂種族的發生者是也其爲圖如次

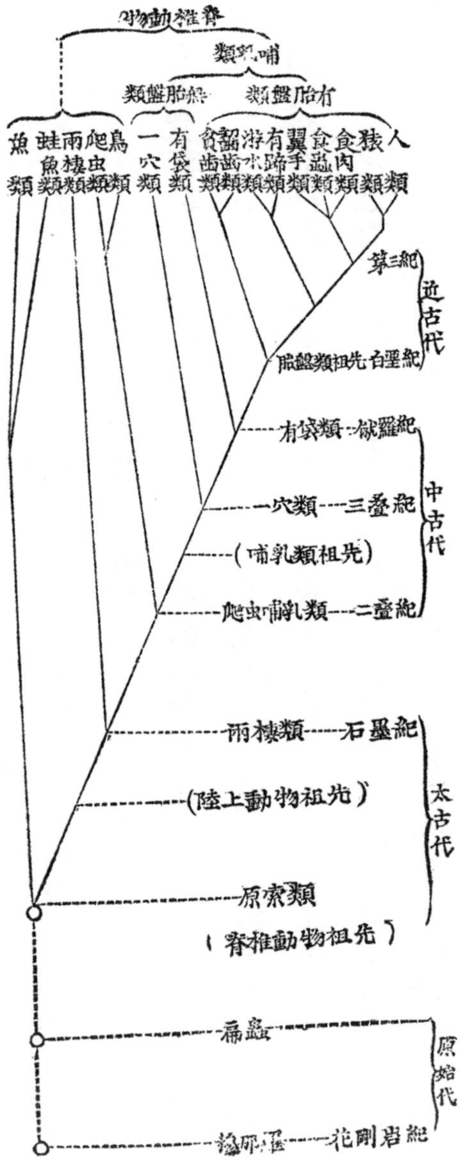

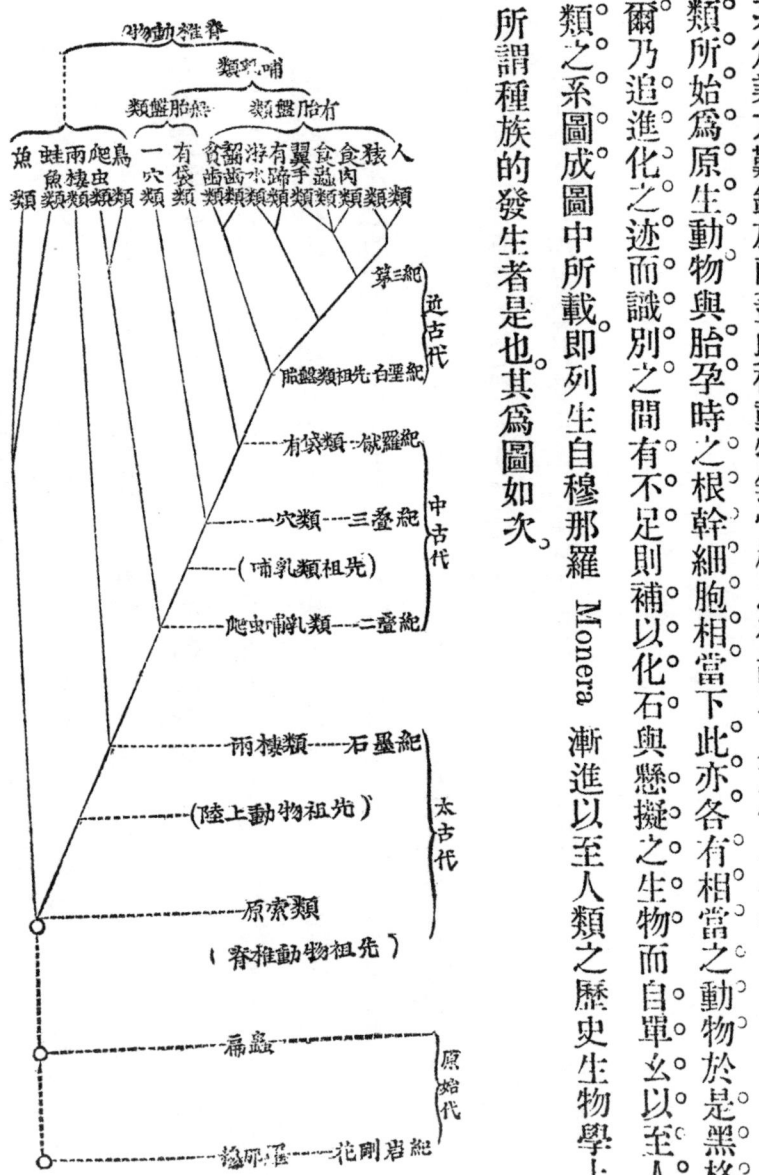

近三十年來古生物學之發見。亦多有力之證。最著者爲瓜哇之猿人化石。是石現而人類系統遂大成。蓋往者狹鼻猿類與人之系屬。缺不可見。逮得化石。徵信彌眞。力不遜比較解剖及个體發生學也。故論人類從出。爲物至卑。曰原生動物。原生動物出自穆那羅。穆那羅出自潑洛比翁 Probion。潑洛比翁。原生物也。若更究原生物由來。則以那格黎 Nageli 氏說爲近理。其說曰。有生始於無生。蓋質力不滅律所生之成果。爾若物質全界。無不由因果而成。宇宙間現象。亦遵比律。則以非官品之質。成且終轉化而爲非官品之官品。究其本始。亦爲非官品必矣。近者法有學人。能以質力之變轉非官品爲植物。又有以毒酰金屬殺之易其導電傳熱之性者。故有生無生二界。且日益近接。終不能分無生物之轉有生。是成不易之眞理。十九世紀末學術之足驚怖。有如是也。至無生物所始。則當俟宇宙發生學 Kosmogenie 言之。

印度古代之風俗及法典

認迴

第一 印度國名之起源

印度之國名。溯厥淵源。係由其西北之大河信度(Sind)而來。始印度亞里亞(Ind-oArya)人南下至印度境內信度河時。以其河流之大汪洋大海。故呼其信度而伊等之言語稱海爲信打司。(Shindhvs) 此語由散司克里提(Sanskrit)之喜阿德(Syand)即流字之語根發主者。其後此河之流域。亦名爲信度。其住民名爲信打瓦司(Sindhavas)以其支流有七。至稱其爲撒布達信打瓦司(Sapta Sindhavas)即七信度之義。然古代波斯人。(Persia)將信之齒音。訛爲哈之喉音。稱信打司爲哈恩玆(Hendhn)撒布達信打瓦司爲哈布達哈恩玆(Hopta Henhhu)又稱印度人爲哈恩玆(Hendhu)其國爲痕打斯坦(Hindustan)痕打斯坦者。印度人住所之義。其後聞波斯人所談之希臘人中。而黑洛多托斯氏。(Herodgtos)轉其齒音訛國名爲印底亞(India)河名爲印多斯(Indos)人民爲印多衣(Indoi)又波斯王打里訛司（Darios）一世之白喜司坦之碑銘中。記錄印多斯河流域之人民。爲衣打司（Idhns）西紀第一世頃所著之紅海航行記（Perilus maerisery thraei）中。明記有信托斯（Sinthos）羅馬之史家兼博物學者布里尼斯（Plinius）氏之著作中。記有「住民稱印多斯爲信多斯」之句。又羅馬詩人衛給里司（Virgilius）氏曰「印度者諭象牙之國也」（Indus Mitt itebur）支那人用身毒、申毒、眞定、信度、辛頭、捐毒、賢豆、天竺、天豆、天定、印度、（其他尙多從略）等文字。想從波斯人及希臘人建國之西域地方傳出所致。即身毒、申毒、眞定、信度、辛頭、乃（Sind）之音譯。捐毒、賢豆、乃（Hindhu）之音譯。天竺、天豆、天定、乃（Hendhu）之轉訛。印度者。即（India）之音譯也。古來支那以印度國名爲月之義。又傳云從因陀羅（Indra）神之名而出。由言語學上觀察之。毫無根據。不過謬傳而已。又古代印度人稱其國全部爲巴拉塔（Barata）或巴拉培布盧西亞馬奴法典（Manava Dharana Sastra）中。總稱爲亞里亞住所。（Arya-Avartha）而巴拉培者。月種之王。曾領有印度大部分之八者也。

第二　印度之亞里亞人

印度之亞里亞人。最初徙自西方。爲侵入印度土人中之民族。或云亞里亞人。始住于中央亞細亞。或西部亞細亞。孰爲正確。雖不能明。但原始駐足地一部分之住民。向東進行時。途中分爲數組。一部人直入南方。成爲波斯人。一部人更向東南而進。爲印度之亞里亞人。敢斷言其正確也。而波斯印度之亞里亞人。如斯分爲二派。學者之說。雖有種種。畢竟由宗教上分裂。成爲二派之說。尤占勢力。元來波斯人信奉之祖櫂愛斯底 (Zoroaster教。) 及印度之婆羅門 (Brahman) 教。 (嚴密云之則爲吠陀 (Veda) 教。其根本上雖同一。而因其教義儀式有異同之故。遂至分裂爲二。言其證據則祖羅愛斯忒教與婆羅門教。有同一神之名稱。且波斯古語。哲恩托 (Zend) 與印度之散司苦里托語。一致之點甚多。足以證此說之正否。要之婆羅門祖羅愛斯忒二教。根本同一之說。雖爲眞確。但因其枝葉稍有差異。遂至釀出由宗教上分裂之說。至於波斯人乃印度之亞里亞人。爲同一種族。自不容稍有疑義。而亞里亞人。通常皆云印度亞里亞。與歐洲之希臘人。羅馬人。德國人。及英國人。皆爲同一祖先所歧出之支派。究其證據。由言語學研究之。則散司苦里托語。希臘語、拉丁語、德語、英語。可明其語根全為同一。今舉家族生活上所用言語之一例示之。則英語稱女子為多特。(Doughter) 德語云多克持爾。(Tochter) 原來均由亞里亞語之多 (Dugh) 而出畢竟在散司苦里托語。則呼為多 (Duh) 乃搾取牛乳之義。亞里亞人。其家中女子。有搾取牛乳。供給家族之習慣。故因此得名。至于此等亞里亞人之住所。為中央亞細亞乎抑西部亞細亞乎。頗難確定。然學者觀察現居歐洲及印度之亞里亞人子孫間所殘之言語。則可知昔之亞里亞人。同其家族。共徘徊于草地之高原。有時為收獲穀物故。又常停足于此間。是等初代之亞里亞人。既知使用錢。通織機。及裁縫衣服等事。即着布調理食物之術。亦莫不解之。此等事實。從現存于印度之散司苦里托文之吠陀文等得知其源流矣。

時評

日法日俄協約關於中國之存亡

醒夢

自日法日俄協約成立以後。吾國憂國志士及一般社會新聞。靡不驚魄動目曰。此亡國券也。於是立死絕會上力爭書。熱血激昂氣撼山嶽。噫愛國愛種之心苦則苦耳。是但未眞知日法日俄協約之內容中國今處何地位恃一腔熱血肫誠爭國運於末路。抑亦晚矣夫中國之亡豈自日法日俄協約而始哉人之亡也非亡於生斷氣絕之時國之亡也非亡於地盡種絕之日穀氣絕而立死國本斷而立亡不俟龜蓍可預決者吾故曰中國之亡已亡於日法日俄協約以前而今日法日俄之協約不過各保領土俾無相害共謀利益實惠均沾且又恐再有雄國強分杯羹故寔行和平保守主義而已而無形上早已四分五裂之中國又安有就此問題上以研究其存亡之價值乎烏虖。吾發是論人心以吾靡愛國心噫吾非病狂喪心者蓋深知中國之亡非一朝夕事耳茫茫神州何處可云淨土堂堂漢胄誰氏未作家奴剝膚之痛相習已慣針刺之辱遂爾驚心吾同胞何昧昧如是顧或者曰是論涉於種界問題耳非研究日法日俄協約之問題也噫吾即言日法日俄協約之問題。

而決中國之亡已在日法日俄協約以前者何則國家之成立有三大要素一土地一治權一人民。三者失一不成爲國今試言其土地。威海衞則割於英膠州灣則割於德廣州九龍則割於法一切軍艦要港何在不入外人勢力範圍內今則日人自滿州南下視線已入直隸法人圖滇桂未已轉折而瞰巴蜀長江上下英人占領湖廣在不堪設想之數臺灣既亡閩浙山水在太和族指顧之間以及伊犁新疆西藏山東河南之在英俄德勢力圈內者又何堪指數哉迴想中國之版圖一草一木一山一水非英日法即俄與德欲割則割欲烹則烹同胞不敢置一辭上下五千年有如今日者乎東西數十國有無土地之國家乎今試進而言其治權。世界無論何等國家皆得有行政實權今試問中國有行政實權乎無論教案起釁殺人流血慘不忍聞者不可勝數即外人之一狗一奴同胞略有犯之者不唯鞭笞交下又因之波及全家中國政府畏外人如帝天睨國民如草芥毫不加撫恤焉有行政實權者顧如是也耶不甯唯是礦務也鐵路也郵政也商務也不在英俄美之掌握即入日法德之範圍同胞有起而謀辨之者列强攻之政府又從而摧挫之舉四百兆人民衣食財產生命之源一綱攫於紫鬚碧眼兒之手有完全統治權者而肯喪其利權於人若是耶然或者權利已失人民尙有團體杜蘭斯蛙猶足一戰菲律賓尙謀獨立矧四百兆神明之裔獨不可於土地失權利喪死灰莫燃之餘再建國旗乎奈如是則更進而言其人民。

西哲有言人民無愛國心者國必亡無自治之能力者種必滅今試問吾同胞有愛國心及自治能力乎微論工農商士祇知錙銖必較一己圖利益不知合群謀安全即肉

食者輩亦不過爲虎作倀殘吾同胞試一披中國四千年歷史吾同胞之自相忌相殘相呑相殺置列祖列宗費無量數心血經營慘淡所得之錦繡河山拱手而送於外人者曷可勝數知利不知有義知家不知有國久爲吾同胞之遺傳性矣況又加之數千年專制學術數千年專制政體相逼相縛相消相磨剛毅果勇保種愛國之心思智慮已如朽木腐石決無萌芽生新之一日是靡論列強出而亡我即仍閉關自守而以此瞑頑不靈一團散沙劣民族其不致漸即於滅亡者無是理也即證之庚子甲午之役列強足跡經歷之處順民旗洋大人之聲幾遍同胞之口甚至屈膝求憐獻妻購活種種非人類能爲吾同胞竟爲之者亦不可勝數烏乎四百兆人民至於無道德無思想無人格形類恒河沙蟲格似奴隸牛馬猶希其撞自由之鐘建獨立之旗古今有是事也耶嗟嗟土地也治權也人民也俱歸烏有之鄉而猶不足爲已亡之國也哉顧或者曰、列強意計有亡中國之心而非協約表著以後不足見爪分中國之寔徵也今更將日法日俄協約之要錄之於左。**知中國之亡已決在日法日俄協約以前者**其協約如下。

本政府、及法蘭西政府、因確保中國獨立、及保全中國領土、並對於各國在中國之商業臣民及人民、尊崇待遇之主義、且兩國締約國家在近邇於有主權保護權占有權之領域中國諸地、確保其秩序及和平、及維持兩國在亞西亞大陸相互之地位並領土權、故締結此協約、

俄日兩國邦交、早已平和如故、茲者兩國政府、深願敦邦交之友誼、更益堅穩並豫爲聲明、以免後次各有誤會、特訂協約如左、

第一條兩締約國、應互相保護其領土之完全、其與中國所訂現在寔行條約、兩國所已得之權利、亦應互相尊重、惟此權利即一千五百零五年九月五號、保司毋先所訂之條約、及與俄日所訂特別條約、相符之權利也、

第二條約國應任中國之自主及其帝國土地之均一以及各國在中國工商業勢力之平均、兩締協約國、又應遵守一切條約、勿得踰越、並種種設法、力求和平

今先將日法協約解抉之、

一確保中國獨立及保全中國領土玩此二語謂中國已亡乎未亡乎人

日法日俄協約關於中國之存亡

日法日俄協約關於中國之存亡

無自由之權則死國無獨立之權則亡此通理也吾國四萬萬方里四百兆人民以各國面積人口表比較之除露西亞外皆莫與京西人云支那國若文明充其量可支配全球無何東雨歐風相逼而來一割再割一創再創遂以黃人衣食盧墓之鄉爲世界人種住在所喧賓奪主人主我奴非一朝夕事今日法又用其蛇蝎鬼蜮之伎倆曰確保中國獨立保全中國領土試問中國如未亡何必再謀獨立旣曰獨立又何必曰確保況確保獨立之權操於列强之手欲確保則確保之欲破壞則破壞之生殺由人予奪非我是日人待朝鮮之手段日人待朝鮮其初之條約亦曰確保其獨立其寔警察陸軍外交政治皆日本代爲之謀至今年則直將皇帝囚之矣可嘆也夫法人滅越南之陰謀法人滅越南時亦曰確保其獨立其後將其立法行政權皆一綱攬盡漸縛漸緊向之保其獨立者今則己滅其國矣甘言餌人可危矣哉野心勃勃又向老大帝國而來也矧繼之曰保全中國領土則圓滑陰狠手段不擊而破何則中國旣能獨立則列强所巳割中國土地皆當歸還何必再有保全中國領土之約前後矛盾陰謀畢露入餓虎忍狠之口尚可求活哉雖然不可以此協約爲日法咎也旣得其寔何恤其名較之操莽玩孺子於掌股竊其名而避其寔者猶覺光明磊落耳噫日法協約之眞象如此謂

中國之亡因於日法協約者吾決不信

二並對於各國在中國之商業臣民及人民尊崇待遇之主義噫是不惟奪中國國內法權直目無中國耳夫法敗於德俄敗於日不過償金購和主權終未外移中國自庚子甲午以後徵論英俄日法非割良港要埠不戢野心因之土地權人民權外交權皆落外人之手中國之爲中國日法腦海中久不知爲何物也不然各國商業臣民之在中國者政府有尊崇保護之責日法何必干預各國人民之在中國按國際法政府有交治親睦之義日法又何必越俎我同胞即此協約而研究之中國亡乎未亡乎鳥乎日法協約乃瓜分後之協約非因之而瓜分也整我疆界防人侵蝕結是協約者豈僅日法而已哉

三且締約國家在近邇於有主權保護權占有權之領域中國諸地確保秩序與知平及維持兩國在亞西亞相互之地位並領土

噫是以此而瓜分中國乎抑保全中國

日法日俄協約關於中國之存亡

和平及獨立乎有識者必辨及此矣日勝俄滿洲之利權日人網盡席捲南下一日千里惟憂與法不洽時慮掣肘於後法據越南謀滇桂之志益急特兵力稍虛懼德逸志乘其不備再蹈覆轍日法內政外交之情形不甚相遙故泯小嫌顧大局無論用如何手段能達擴充勢力範圍目的而後已觀其協約最重之點維持兩國在亞西亞相互之地位並領土知日法同病相憐非志在因是而瓜分中國蓋因已瓜分中國之後非與同瓜分中國之列強結攻守同盟維持和平之條約未必無第三強國者出奪其已納置懷中之物也嗟嗟人爲刀俎我爲魚肉同胞同胞亦各顧影相憐耶

今更即俄日協約解决之其內容與日法協約稍異而大致則同。

第一條兩締約國應互相保護其領土之完全其與中國所現在寔行之條約兩國所已得之權利應互相尊重。

噫日俄戰役之後東亞之風雲變色仇日之俄一變爲親日之俄非

俄之前倨後卑也外交手腕原無一定俄素持蠶食鯨吞目的加之手段活敏圓滑能操縱世界列强各國對之有警心焉但計之愈毒者忌者愈多日俄之戰英即暗接濟日本雖法亦有助俄之舉寔處於不得不然之勢恐德俄同盟大有不利於法也日本法學家言法對於俄無論何時皆處受損地位日法同盟法思德之心稍息因奉迎俄之意亦稍減且俄人亦因革命風潮全國受其影響岌岌且不自保有見於此遂變其恫喝强硬迫脅之手段一躋和平等均之一派雖非俄人本心時局所趨不得不然也此俄日協約之眞諦至其保護領土尊重所已得之權利與日法協約無異

第二條兩締約國應認中國之自主及其帝國土地之均一以及各國在中國工商業勢力平均兩締約國又應守一切條約勿得輸越並種種設法以求和平此二條協約與日法協約有異日法協約因兩有顧忌心俄日協約因兩有猜忌心此協約不同之點曰應認中國自主及其帝國土地之均一即是可見一斑何則俄敗之後滿洲之鐵路礦務森林及一切漁業鹽政利權胥攫于日之掌握鷹瞵

虎視之俄能勿觸目恨生第一敗之餘不堪再創故假仁假義認中國之自主博日之歡心俄之謀狡矣哉曰帝國土地之均一俄之老奸巨滑陰險絕對之手段更咄咄不可掩蓋不得志滿洲即欲收之蒙古倡帝國土地均一之說塞日之口日亦沉機應變默認其占領蒙古滿洲經營袪一。撓阻之力假老大帝國土地搏俄日和平日人何樂不爲也。次及各國在中國之工商業勢力平均。是無甚深意。不過利益均沾時機均等主義爲列强普通方針使無此工商業勢力平均數語安知無二三雄國喋喋於後噫間島問題生於前琿春占領繼於後滿洲蒙古之大勢已去

總賅日法俄日協約研究之。則中國亡。於日法俄日協約以前乎亡於日法俄日協約以後乎嗟嗟同胞良心未喪。當知締造維艱。人心未死。興復猶未爲晚。對於今之中國。當存已亡之志不可稍存或亡將亡之心前途尚可救藥不然雷馳電駛列强勢力相逼而來塗炭火熱政府虐民變本加厲略有遲疑避諱顧忌。不決之志即永永沉淪十八層地獄非牛非馬非蛇非蝪隨朝露秋霜俱盡而後已二十世紀以後之世界無復

黃人足跡矣噫亡國之慨如是其急滅種之慘瞬息即至同胞以何方法救此已亡之國哉然而無憂也外患日亟由內政不修今之腐敗政府無論地積如何其多人口如何其衆未有不亡者是在同胞好自爲之立獨立志鋤依賴心吾一言決之曰今之政**府無論爲何如種族但不能保護我且以我之土地金錢專爲媚外之資我亦不認其爲政府**矣自治建獨立亡國滅種之慨容或可挽何則割地占領條約無繼續性質甲國占領乙國土地乙國之民果能再建國家創造獨立甲國割乙國土地皆有歸還性質如依賴今政府微論俟之十年不能將所失土地收回即聽之海枯石爛亦如當頭之月不可再遇茫茫千載人壽幾何同胞甘奴隸以終古乎吾則無言不然特剛毅堅忍決死不回之志從事自治獨立之一途日法俄日之協約自有無效之一日同胞同胞勿餒志勿灰心風雲擾擾天下事無不可爲也即以河南論之其謀自治獨立更不容一夕緩者京漢鐵道貫豫腹心河朔礦產已被發抉衣食生命財產之基本爲政府獻工求媚外人之材料河南父老

日法日俄協約關於中國之存亡

兄弟尙沉沉大夢酣睡不覺醒焉是他省之亡尙知所以亡河南之亡直不知其所以亡矣雖然河南地處中央外界激刺也少不知毗之已至也亦宜願自今日始倡自治謀獨立以救己亡之中國

小說

偵探小說 **芝布利鬼宅談**

英國 軋姆著
蓼城 吳 鼂譯

第一回

伊何人歟。頷方眉秀丰姿岸然。目奕奕有光。其人之氣度規模。又迥異凡衆。令人一接丰采。無不知素所謂商業健兒威廉斯丹者。斯丹英人。父爲倫敦名醫早故。斯丹幼習商業。性嗜冒險年十六。家日零落顧頗見重儕輩。有往商奥斯大利亞者經知友荐往。覊處異邦。尠有樂趨。惟任事堅忍接友溫和。甚得總理信任。致商業日趨于繁盛。貿易大臻于發達者。恃斯丹之力居多。嗣總理以事歸國。斯丹因熟于情勢。又經同人推舉。遂一躍而繼總理之任。自玆握持愈精密。經營益刻勵。四十餘載。囊橐薪資。不下五十餘萬金磅。居恒自謂曰。人之成功勵勤茹苦。故屬首善之基。然要不如敏心銳目。搏擊無形之爲愈也。視上所述。斯丹雖爲商界巨子。而其學問品度。亦不問可知矣。顧雖望重名高。而處事益謙。遇人更厚。鄉鄰有貧以告者。尤不惜解囊相助。凡類此不一而足。所奇者。以姿才兼備之斯丹。竟至三十。猶鰥。殆以窮年逐逐于交易場中。而未嘗一親綺羅。厥後西鄰女傳有燕愛夢者。爲奧之美人。音樂場裏。不意相逢。一見鍾情。遂成美滿之佳耦。一索得男。名以哲慕。再索得女。名以愛梨。顧燕愛夢夫人。以弱體輕盈。況復多病。掌珠初現。皓月竟沈。女啼兒悲。斯丹已寸斷情腸矣。自是斯丹心緒惡劣。秋月春花。益增悲感。幸哲慕愛梨。漸長依依膝下。藉聊課讀以自遣。兄妹皆得父教。家庭情愛日篤。獨是羈居異國。蒓鱸興悲。子女皆已成人。哲慕年二十四。身軀修偉。丰采照人。愛梨年二十。波凝媚眼。翠疊纖眉。輕腰怯柳。秀靨羞桃。斯丹晚年。雖有此一雙佳兒女。形影相伴。籍可稍破旅愁。然繫情祖國。終難適意。一日餐後。斯丹謂子女曰。兒輩時以歸省祖國勸老夫。年邁人聞輒增感。彼時初離故鄉時。父老僉以好自爲勿忘歸爲囑。今已兩鬢凝霜。即歸應無復有識余者。愛梨素聞英倫繁華。富麗甲天下。窮荒落冥之奧斯大利亞。本非盈盈如花者所宜居。原以老父事冗。不肯攪其清思。今聞父言。即答曰。父年日高。此鄉氣候復不良。

正宜歸養故園。時偕兒輩。遊千山顛水湄。使得知父誕生之放廬。映清波之垂柳。曾倚釣竿臥叢藪之崩崖或張獵網紅樓一角綠樹千章父頤養其間兒輩得承歡膝下極家庭之樂事願老父速作歸計。斯丹斜倚安樂椅內百葉窗半啓。微風徐入雪鬢飄飄如銀絲。顧其嬌女憨態可憐。方有所答。忽二貍奴鬭于院中露台上。撲擊有聲。迴憶二十年前暑夜偕妻燕愛夢招涼其上。談及英倫名勝。邇時方少年。雅不喜人詢歸國事。蓋以眷戀戶庭男兒所恥。燕妻則恒以偕子女一省祖國爲勸。彼時雖不忍拂其意。究非所樂聞。每談輒至星月參橫。風露欲下。時方歸寢。今日愛梨之意態。正不亞其母之當日。即藹然顧其嬌女曰。兒所言故土風景。妙趣環生。使半邁人聞之。不禁眉飛色舞。身欲親試。但父年已衰頹。壯志銷沈。兒代父所謀畫者。聞之徒增惆悵耳。故園村落蓊薆樓閣櫛比。不少兒居。親友輩中。應尚有能記五十餘載前去國之威廉斯丹者。應愛顧其子女。第此鄉諸老友。一旦濶別。不能無悵悵耳。然不料余至今仍復得歸祖國。享靜中樂趣。曷勝愉快。諸事摒擋已畢。遂託其職于有經驗之商員。寄其屋宇田產于其知友。而首計歸途。爲日者午後。晢慕急欲訪友話別。

遂乘銀鱗駒出麻列村外。歸途向晚暑氣漸消滿地斜陽蟬聲聒耳一鞭得得沿新南坡之達鈴河畔。行垂柳陰中意頗自適遙想故鄉風景明媚應不減此正入神間。忽見臨流一老椽樹下坐一老叟燃火炙杖似預作野帳露宿于此者。哲慕駒適過其傍。細視其人年約逾花甲面目離奇色如鐵釜大腹膨脝。雖倚樹距坐若起立其軀幹當不下二邁當餘衣裳頗不脩整然觀其舉動一似落魄之紳士。哲慕引駒緩過向彼致禮。彼畧點首。即問曰前村距此不遠否。哲慕曰約四五里餘。君亦往前村者乎。叟答曰聞麻列村主將歸英倫余有事往商宜先彼首途也。哲慕曰然則君識彼否。答曰然。彼與余爲三十年前舊友。爾時斯丹事無不遂。成功健兒讓彼獨占。命途多舛。即有所希當前輒成畫餅。是殆上帝之厄余歟。全固不能甘也。言時目睒睒注視哲慕少頃復曰。細視子修眉懸目。一何酷似斯丹耶。哲慕曰君言誠是。彼爲余父。但未知君以何事往商余父能相告否。彼不禁作恨恨聲曰。吁、是豈可爲外人道乎。子如歸時。務達知子父。里查麥布里已至。行將往訪明朝務待余于家。勿他往。余固知子父非願晤余者。然時艱機促使余不得不然。要亦非子父始願所及耳。善語子父勿忘。語罷狀甚傲慢。哲慕作色曰。君言亦太粗暴。設晤余父時。仍如是。吾父恐。難見諒於汝。君亦知余父非輕於接人者乎。里查起一足稍跛。以木杖支地急言曰、余誠知彼。余誠知彼。當余識彼時。子問尚未履此世界。設距前村止四五里。明日早餐時。應晤汝父。余適患足痛。否則約一勾鐘或能盡此程。南行車何時過此。子知之否。哲慕曰。明朝君南行欲須搭車乎。里查復就地睨視。遂答曰。余誠須此。余雖生此荒漠之鄉。但自余能騎乘後。從未或作徒步遊。天乎。設二十年前。人假告余。異日或有以厄余。必以其人爲喪心病狂。而且扼其喉。殊不料今日竟有子目中之余。雖然上帝或見佑。余路雖窮。余目則晰。明日余事或有豸乎。子其行矣。爲語子父。愼勿忘。哲慕遂鬱鬱返轡。行間何來此尷尬人。願見吾父。且言語傲慢。抑爲吾父之舊友。今以落魄求貸乎。父如善遇之。盡人將需索。恐無已時。哲慕素以父德驕人。視世間更無較父爲卓越者。人或稍訾其父。是必非與難不止。今觀里查之不倫。竟至滿腹疑團。莫可解決。默想間已入村中。崗上葡萄村叢裏。宅門隱約在焉。緩轡上坡。獵犬一群吠迎其主。哲慕即以騎付馭者。趨入庭園。早見父與妹茶敘於兩廊交互葡萄架下。斯丹急呼愛梨曰。汝兄歸矣。言間哲慕已至前。見父問晚安。並出手握其妹。斯丹問曰。今日見李丁香君話別。想彼又作戀戀不捨態。如前日鄰人之見子時。彼於子誠可謂盡善。哲慕答曰。彼正如此。彼尚願隨余等歸國。兒恐英倫或不復爲斯人所見。愛梨執茗壺爲其兒斟少許。頗動憐意曰。李丁香君先生之去英。究無人或知其底蘊。彼亦對人默默。無所表白。是行幾類婦人。哲慕曰。惟爲婦人最易喚起感情。但旋升旋降。究非眞摯。遂顧其父曰。兒歸途遇一碩腹人。支野帳於達鈴河畔橡樹下。詢兒來此村之路。並云明朝來訪父。斯丹曰。或爲衣食計來乎。答曰。彼未嘗言。據云有切要私事相談。斯丹曰。誠然誠然。有一碩腹人欲商切要私事於余。事誠甚奇。但不知曾告汝其名否。哲慕俯首少頃。即應曰。恍惚聞彼名爲里查麥布利。斯丹駭然曰。里查麥布利。里查麥布利。渠已至河畔。且將來見余乎。且將來見余乎。彼兄妹從未見其父作如驚訝狀。相顧錯愕。斯丹矜持良久曰。麥布利爲舊日夥友。經紀輒失敗。致傷資本。故至今爲漂泊無宿兒。十餘年前來訪余。曾以資助之。遣其返。今伊來冀余再施與耳。余將再助伊。言次似重有憂者。遂起身入室去。哲慕顧其妹曰。兄究

不鮮麥布利爲何如人今思其面目猶令人欲作嘔設兄爲父必速遣之去憂奚爲
言畢、遂辭其妹出門外就浴於村畔小泉下少焉新月脫流雲出波光瀲灩如萬道
金蛇出沒正酣時聞侍者來岸上速歸甚急云愛梨姑娘待見哲慕知有故急着衣
歸方至宅門愛梨迎出面色驚慌急問曰曾見父乎哲慕曰父已入室愛梨曰否自
兄出後父即謂今日勿俟彼晚餐恐難預定歸期遂乘老彼得馬出約已半勾鐘哲
慕妹意爲必往視兄今所云之碩腹人哲慕曰妹勿恐父非受人强迫者哲慕雖作
是言以慰其妹但觀此碩腹人似與父有深怨躊躇稍久即謂曰愛梨妹其稍待以
俟兄往速父歸可乎愛梨曰是誠妹所願不但祗鮮妹愁即老父亦可無他虞兄宜
速往哲慕急命騎而出循父適所往之路夜氣淸涼達鈴河兩岸樹影隨風搖曳無
何已近日間經過處遙見野帳前火光奕奕父立老馬側與地上一臥者語哲慕欲
聞麥布利究有何要求方待停轡忽見臥者自地上遽起向其父目閃閃露凶光哲
慕急馳而前二人皆未之預知各爲一驚斯丹急呼曰是何意是何意來何爲來何
爲余之愛子哲慕爲麥布利凶狀所驚少緩方答曰恐父有虞故來耳愛梨適告兒

父出兒因知原因必在此也麥布利作蔑視狀曰是誠孝子復顧斯丹曰。威廉汝可爲有子矣哲慕驚顧麥布利自思曰何物賤奴有何權利竟敢以教名呼吾父斯丹謂麥布利曰。汝其留意余適告汝者汝固知余不慣作戲言設不遵吾約吾自有處汝之策不能再任汝之糾纏麥布利答曰爾之權力確在我上我誠無法禦爾我惟願我地位或有等爾之日爾須自思一則尊榮安富食德收名一則日暮窮途天涯浪跡阮囊羞澁衣食無方相形之下而不見屈者有其人歟斯丹曰。勿事煩瑣明日速歸汝來處永不許再來惱余更不許對余家族或有所詢問否則汝獲辱之日勿謂余先不汝告也余所言悉在是汝其誌之語畢即上馬顧哲慕曰。去休夜已深勿使汝妹久懷不安麥布利視二人傲然去蹀躞樹下徬徨無措少頃仍倒臥地上自語曰。威廉斯丹使余異日有汝之今日余必使汝知麥布利彼時斯丹父子行已稍遠哲慕視其父神思頗昏亂歸途將半遽謂哲慕曰。余適同彼所言汝悉聞之乎哲慕曰。方兒見父與彼言時本擬稍待既見其向父呈惡狀即不禁急馳往實毫無所聞父究知其果爲何如人乎斯丹自制稍頃聲微顫曰渠名麥布利前已爲兒言求余資助者今已遣去應不致再爲所擾余等此後亦勿須再譚彼矣行已抵家當晚覺氣逆頭眩遂先子女入寢迨至翌朝始復其舊早餐後遂假散步復往視碩腹人曾否去至則老樹垂蔭一抹散煙明滅葉隙餘燼尙燃其人巳渺斯丹自謂曰感謝上帝彼終去矣此度與彼相遇殆爲末次將痛吸大洋中新空氣以洗此番煩腦

第二回

芝布利在英之米蘭府距倫敦十數里某侯之邸園也樓閣高峙雲表房廊皆嵌以白櫟庭院約廣二百畝門外石柱森然氣象嚴肅正廳巍然中据周以鐵欄內部椽木巨梯作旋螺形上引至音樂堂軒窗乍啓恍疑雲裏笙歌下至甬道廣長可容駟車曲經蜿蜒旁通別室風鈴送響來自天半者第中之禮拜堂也下伏隧道雨不濡衣是爲女皇培斯時代最壯麗之建築侯故眷日陵替遂他移惟後僦居者咸譁言宅凶並云入夜時恒見有衣冠者手携其頭出沒于幽房曲室中又有美婦人着玄色衣裳曳地尺餘且行且泣過甬道間更時有獨足反踵者坐欄外面仰視而笑種

種可怖狀載之怪話傳自口碑時甫黃昏近村之婦人孺子幾無復敢過其居遂至展轉數年僦居者闃無其人僉目之爲鬼宅斯丹既至英倫家山依舊人事愴茫固不得不暫居客舍以待重整家園終日往返通衢僻巷按圖索地倍極選擇之勞奈適意卒鮮厥後有經理人自倫敦來以芝布利舊邸爲問並呈其房舍地面照片斯丹等繙閱在四心似默許遂與經理人當日往看其邸一日朝雨初晴風日淸明時方首夏衣履輕鬆斯丹偕子女伴經理人往看芝布利一路綠樹陰陰如行畫裏未幾已抵其處一帶紅垣鐵花門峻入門則見叠閣長廊半隱桃柳陰中日光掩映現金翠色老烏啞啞哺子其內茸茸芳草一碧無痕二鹿眠其上垂耳餂目了不畏人更進庭院則葡萄藤蘿之類淸風送香芬芳襲人遙望東南則遠川如帶羣峯排玉隱隱于白雲間小坐茶煙神爲之暢回憶旅居數十年于荒烟蔓草之奧斯大利亞此誠可謂上帝之極樂園惜久無人居鼠跡苔痕塵封處處一經修繕必爲絕妙莊園但費亦覺不貲既舍尤大約容馬數十餘頭逐處檢看頗稱其意終老於此于願足矣遂謂曰室宇大好人亦告此爲最適余者距倫敦又近余將佔此事既定約遂

立修繕裝飾皆倩倫敦有名商店經理極意炫赫鉅資不惜自玆陰沈寂寞之芝布利一變而爲金碧輝煌之巨厦矣未幾工竣斯丹父子兄妹率男僕女婢一團錦繡新家族車水馬龍徑入芝布利室迎新主花媚玉人又兼賀者盈門音樂徹宵宴會竟日四鄰僉以近富者居私相頌有子者咸願得愛梨爲媳有女者咸欲得哲慕爲婿哲慕前已述明爲美少年身長六尺餘目深灰似其父髮黑而光澤覆及前額神采可鑑兩膀下垂過膝一望而知爲有勇力者出語清晰辨論雄偉令人一見愛敬弗能置月餘事遂大定哲慕以買馬具往倫敦逾時少久方歸比汽車抵米蘭府時已薄暮幸馭者已先驅車來俟遂躍上自執轡急馳馬亦宛轉如意輪皮切石了不聞聲少頃距家僅里餘轡益縱行益急遙見尋尺外一女郎緩步道旁長裾曳地姿態婉艷一小犬跳躍其側羅刹間已至其旁小犬見車來迎馬狂吠邇時車進行正烈小犬適當馬足雖善馭如哲慕已難預此不意事幸馬于是時忽停足若有神助者小犬負痛嗷嗷馬下又聞女郎呼曰余犬殆矣！余犬殆矣！馭者急下車至馬前哲慕亦下趨視小犬幸未致命惟前爪受傷血涔涔下遂自地上撮起小犬復

輕放于女郎足下更前向女郎脫帽致辭曰小生疎莽不堪致姑娘愛物受重傷余亦悔恨無極姑娘乞恕我女郎答曰。是何言設呆物不自涉險焉有是過盡在君是誠過矣但君視此犬足已破否哲慕遂至犬側。細視其傷少頃答曰。毛皮稍脫幸骨毫未折。言時即取手帕纏其傷處。細思曰。此物既不能行女郎又不能懷之以歸乍晌謂女郎曰。此物既不能行敢請姑娘同車先往尊府可乎若蒙見許感甚語時沈視女郎色頗霽答曰此時亦更無他法女郎自覺語太慢遂向哲慕微展笑靨曰斯丹先生特恐多擾君耳哲慕驚問曰姑娘何已知余為斯丹子女郎視其甚驚訝哂曰。余固知君昨日尚在君家與君妹茶話余名萩水君鄰之寡婦家即余居阿剌伯司非先生即余之託孤人也哲慕曰。誼屬比鄰更勿歧視言畢輕移犬于車門坐位前遂就馭者位萩水向哲慕微點首曰。擾君求君恕。遂即入車馭者立車後即向寡婦家進行。途中互訊鄰里事閒談及犬之馴野馬之羸健並相約異日獵會哲慕已晰萩水為一活潑女郎惟八年來隨其託孤者居動輒不能自由顏色稍覺鬱鬱談次已抵寡婦家為一舊式之建築距芝布利僅咫尺此邸似先時曾附屬于芝布利者狀頗奇較芝布利尤古庭院殊精巧周以高垣常春藤遍遮無隙地石路一通由正門引入但以數年未曾開闢草滿庭階亦未大芟除哲慕下車曳鈴更佐荻水下旋一龍鍾僕出。見二人異之荻水曰哀薩桃來今日不意遇傷。非斯丹先生仁厚。余將無計歸彼矣即顧哲慕曰斯丹先生請哲慕携犬付老僕。萩水復問曰余知君尙未晤余託孤人言次已踱至一庭。味荻水言頗以其託孤人未先往拜。斯丹頗以疏鄰誼爲憾。遂進曰。彼以老邁鮮出戶。君等諒早知之。語畢、即抵一室前荻水推門速客入。哲慕視其室甚爲高大壁飾以椽木畧似芝布利。兩面有窗除一藤榻外別無。器具四壁圖書羅列萬卷浩如煙海桌椅上以及地上散亂皆書中央一大寫字檯一老人坐其前皺紋滿面目光灼灼然。怪甚髮白如銀垂肩際着錆色衣冠滲綠色下覆眉際睹二人入時頗訝荻水即前曰祖父此斯丹先生桃來遇傷蒙斯丹先生同携歸。祖父請相會。老人聞言即出其皺澁之手與哲慕相握且曰幸會君敬謝偕犬及荻水歸。僕以考疲遁居足罕出戶未獲往候。望乞諒恕。新居洽意否。哲慕曰屋宇美而曲折。于余等頗適宜。顧尙未得深悉此宏大建物之淵源。爲深患耳。久聞先生爲此地舊家所知必詳能不吝教否。老人曰誠然。居此地以余爲最久。知其源亦以余爲最詳。百年前之芝布利本余家故物。至余父方售出移居此宅。所謂寡婦家者。自玆後芝布利以鬼宅聞至此語忽停目光凝注火爐若忘有客在其室者少頃自語曰吾未見凡來寓此之人能善厥終矣

「未完」

巾幗魂傳奇

發端一齣　長歌

女學生和服翠袖紅裙右執書左按劍上(唱)

(踢繡毬)珠袖飄飄絳裙繚繞宮殿扶桑頻眺愁無那鎮無聊聽鼙鼓聲雄鐵馬嘶驕

(詩白)身世飄零異國天刼灰龍戰自年年滿腔無量傷心血付與空山泣杜鵑儂家中國女學生是也姓吳名茗姒小字琢牖世居中州家承通德生長清門幼嫻書史惟因身屬女子穩處深閨朝政民情結少知曉自從歐風美雨捲地飛來於是頑夢初醒驚心時局便已決計攻苦冀欲於各種學科稍知競緒如有所得即以此普度羣癡同登彼岸不料中原腐敗習與性成一言女教則層層阻力所在橫生以無才爲德以識字爲憂遂使中國女界日就沉淪黑闇殆無天日光明難通一綫即間有一二處興女教辦學堂者又皆徒務虛名未崇實驗視人權一語如蛇蝎用温柔二字作保障似此辦法無論不能造就人才即令偶有成効亦不

過是一種完全的雙料奴隸了。遂乃乘輪遠出東渡扶桑。每望祖國。輒焦五內苟。使時機有便再醱獨立之戈天道好還大起自由之鼓人權恢復亦云盛事只是春秋易度歲月催人倏忽光陰又過三年有零了（歎介）事業未成年華又去思想起來好不惶恐人也啊今日獨居答寂間暇無事不免弔古傷今長歌一番。聊自消遣則箇。

（小皮靴）齊梁詞賦陳隋風調滿紙柔情顛倒山殘水剩孽根種到今朝腥霧黏天穢塵滾地都是愁材料天涯何處有芳草夢覺黃粱日已高傷心事向誰道

這就是我們中國女界的歷史呢。如此看來蒂固根深已非一日覆地翻天又不知何日纔能夠大改革喲。這也慢說再望望那歐美的女子呀。

（前腔）風雲起陸鸞鳳爭曉孰是弱女苗條裙釵自主仍他鷁背飄飄雲鬟高髻繡口檀心慢道鬢眉好自由鐘聲錚錚鬧巴黎花影呆呆嬌繁華夢難寫照我心中愈增

傷感了啊彼輩亦女子。我輩不成女子麽。彼輩有知識。我輩豈無知識麼。彼能爭權利。我豈不能爭權利麽。思來想去。這其中都是人力做得到的事。我輩又何苦不爲來呢。

(四門泥)願大家更把乾坤再造只要這整頓全神還怕甚弱質文夭漫天風雨動危潮匝地烟塵期一掃花冠容淡環珮聲銷羅襦冉冉翠帶嬈嬈待從頭刷洗過大地河山無限好

話便如此。只是儞看我們中國的女界喲。

(醉東江)儞看他深閨怕洩如花貌鴛幃靜鎖風光好怨楊柳啊陌頭嗔海棠啊春杪倚紗窗婷婷嫋嫋那有點精神獨立人格風騷吟就的殘月謂品題的碧玉簫不管他國破家亡龍戰急只顧我流水落花春去早畢生事最忌的流蘇帳煖辜負良宵這也就算我們中國有本事的女子了。識得幾個之無著得幾句詩賦弄得幾種絲絃他就自高自大享起福來驕起人來要排子挪架子呼奴使婢快活終朝至於人權的公理。國家的大事。他不惟不敢言亦還未層夢見呢。

(前腔)更有那服從姿質是天成温柔性格生來好嫩紅兒芙蓉面輕盈兒楊柳腰對男兒趨承色笑還有那愁形易寫弱瘦難描度的是可憐宵睡的是長春覺三生魂

巾幗魂傳奇

夢因緣纏百年牀第干戈老鎮日裏苦懨懨爲耶顚頻綠減紅銷
倆看這種女子。還算得成其爲人麽。究竟中國如此者十居八九。只是現今世界人類競爭。適者生存。乃成公理。這樣積習。倆看怎麼得了也啊。

（金剛石）怕的是腥風血雨驚天曉怕的是鷹瞵鶚瞬動林皐怕的是鐵馬金戈激起了海門潮怕的是冷露寒霜揉碎了花月好山又迢迢水又滔滔戎馬關山馳騁地金蓮步難脫危巢那時節刼灰飛處糞雲高那時節古道斜陽只漶弔卿也無靠我也無靠姊妹商量算只有嫣紅月貌一旦輕拋

到了這般田地。那時即欲逃脫。恐亦不能夠的了。吃盡虧。丟盡醜。尙不曉得如何結局。姊姊妹妹們。倆看可怕不可怕呢。我想天下事斷無不可爲之理。只要我們拏定主意。就是那翻天倒海的事業。也都指曰可以做得到的。這又何樂而不做的來。只是一言辦事。在在艱難。況且我們女界的同胞。又有幾個有知識的。談得到辦大事喲。爲今之計。只有多開報館。鼓吹鼓吹。時機一到。那時節就有頭緒了。惟有報中的文字。議論的、演說的。固然是要緊。依我看來。傳奇一類。猶爲不可少的東西。因爲中國女子。慣到那牡丹亭。西廂記、長生殿、這幾種書上。不知有許多呢。如能大加改良。重編新製。述起我們裙釵的舉動。蛾眉的精神。使我女界二萬萬同胞。個個有些自立自振的知識。縈繫腦中。豈不較那空議論不能移情的文字。更有益麼。只是妹子學淺才疏。文質無底。雖懷此意。怎耐徒有精衛之心。卻無班昭之筆。蹉跎蹉跎。荏苒荏苒。以至於今。尚未能就。究之我們女界中。又未見有一人肯提暢此事。看將起來。這個責任。我眞是辭不得的了。因將女界遺事。演成一編。名曰巾幗魂。粗詞俚語。實在可笑人了。想我同胞。當亦不以此爲見罪的。今値學課餘暇。風和日麗。不免收拾筆硯。編纂起來。則箇

（尾聲）自有這蛇龍筆底風雲擾。莫慢愁章章句句細推敲。願抖擻着閒情演出興亡調。

文苑

和某君原韻弔某烈士及某女士

啓明

砲雨槍林互動笳先擒擒賊願誠奢黃袍有志同驅鹿白帝何人哭斬蛇黑暗欲超奴隸海文明爭放自由花彼蒼憒憒無情甚憑弔歸來浙水涯

身手健兒誇朔方河山滿地痛斜陽天心欲鑒回天苦國難猶殷恥國殤大義同張仇九世共和早定法三章如何人意方沈醉雷散霜飛怨未央

夏雨春風盡入秋同袍誰是賦同仇十年勾踐已成計千古羅蘭好與儔婦孺羞顏甘北面山川正氣滿南州傾城自具成城志笑殺將軍空斷頭

大陸沈沈年復年叫回芳草願聞鵑補天媧氏嗟何及動石夫人思杳然非種嚴深荒穢理同根痛絕荳箕燃誰堪嚮邇燎原火鶴唳風聲我亦憐

文苑

過馬關　啓明

碧水無情萬古流。當年曾此媾和謀。傷心又見傷心地。怕過馬關東渡頭

到申江

紛紛人語到申江。夢醒驚聞雜吠尨。海外歸來詢底事。男兒幾箇爲宗邦

金陵懷古

怒濤滾滾付東流。虎鬭龍爭一局收。誰繼朱洪稱後起。金陵自古帝王州

途中即事勸友

大局阽危不可支。問君何處覓棲枝。相逢欲道心中事。怕有旁人竊聽知

安慶道中即友人壯行原韻感傷時事

茫茫禹域舊江山。胡帽頻來痛此間。滿地斜陽竟成勢。南風不競朔風寒

途中遇雪即事感傷二首

小住鄉關未及旬。載途風雪倍艱辛。一肩家國雙行淚。灑向天涯別故人

雨雪霏霏解戰鞍。朔風吹徹海天寒。相逢莫問中原事。破碎河山收拾難

矯首　　佛音

矯首睇涼月紓懷結幽想世變紛如葉春生秋巳往惟脊動物倫屈指人爲長人格與人權尊貴世無兩奈何不力競對外甘稽顙芒芒神禹迹竟淪異族掌赫赫軒羲孫蘧篨不可仰犬鬢麒麟肉言之慨以慷願東有莘耜逝將唐虞訪亞東風雲急海潮奔瀇瀁蹇心易驚怛四壁寒蛩響

最近雜感　　鵑碧

眷言滄海君中憤颺然起嬴氏肆宰割吞象納封豕人道雖云乖枝枝猶黃紀五世實私恩力士轉相委冒頓犯上國彗尾中垣指雙揮無天戈羣飛有海水寒笳腔日厲南風聲漸死俛視齊州界絢焉虹霓紫云何惜一椎不藏巨筑裏空使赤螘兒變作雙頭虮國恥無力雪云亦國士恥堪笑張子房乃從赤松子

陽窮忽不復下瀆而上墋河奔維將絕雲壞柱欲撼豸孽鬩然來疾視獰如貐賦性惟嗜殺張翼橫獝狘雕題藉以祀敦脄司其盤九有畏淫威人人覗秋獮一朝角聲舉九首一齊斬拭目看三光此意衝風卷

文苑

記載

新蔡寃獄詳誌

某報載有新蔡學界風潮一節。俄曰大獄將興。俄曰已興。俄曰査抄。俄曰懸購。詘詘誒誒。小大駭愕。社員由內地來者。特道採訪一遭。茲悉記其顚末。揭諸報端。

河南風氣之開。後於他省。新蔡風氣。在河南則先開於他縣。而學界黑闇。較他縣則轉甚。此其故不可解。是案主名閻夢松等。十年來奔走學務。蹉跌已數四。卒以小團體堅固。未被摧破。初欲假官立學堂。展其才。酌加改良。蘄臻於完善。竭力經營。頗得下手處。適褚令輝祖到任。多方爲難。閻等前所謀者。槪失敗。於是去之他途。經營公立學堂。

褚令未到任時。即探聽新蔡消息。適有與該縣紳相嚙者。謂此縣事難辦。因有健紳某某等十餘人。喜與官爲難。秘密事多被破壞。或發露。其中以闇子固爲最云云。於是褚令默記於心。欲乘其未動而弋之。時不覺吐露於外。甫到任。紳士謁見者。三言未已。即問曰。吾未到任時。聽說闇子固闇子固。大名鼎鼎。汝知之乎。彼何人者耶。曰不知。則艴然怒。曰知之。則喜。即應聲問曰。彼爲人、好耶壞耶。應之曰好。則大怒。曰尚不壞。則亦怒。爲模稜之詞曰、雖不好、亦無十分大壞。則亦於邑不喜。惟應之曰彼人壞極。則大喜狂呼曰。對！對。

闇等雖知縣官如此。未甚留意也。從事於官立學堂。又既無端緒。於是糾集鄉紳。於城東某處。辦一公立小學堂。

學堂既開設。經費不足。諸紳相與謀。挪用公欵。公欵無所出。惟韓公祠有之。於是就韓公祠官田變價得數千金。以半歸元祠作祭賫。以半作學堂經費。而禍即伏於是中矣。

褚令既惡闇等如虮蝪。欲痛治之。張已威。以挫抑新邑之民氣。有與闇等不愜者某某。又乘間而下石。因提醒褚令曰。闇某有案。褚悟即刻令門房查其舊案。顧皆無鐵證可以推翻閻等者適韓公祠官田變價之紛議起。褚令於是禍心滔滔。怦焉欲動。韓公祠者。四十年前、韓□□、曾知新蔡事。防禦捻軍。城未就破。政府以其有功。諭令立祠。即是也。新蔡人遇之過厚。凡韓後嗣及其同族、有至新者。無不賓禮之。遇祭日、或即令其主祀。以故、韓□□近族遠族。皆有參與祠事之權。

閻夢松等既變動韓祠欵。褚令亟乘此機。密令人慫恿韓□□之遠族韓一德、出頭。把持此欵。將閻等混控在案。謂閻係著名訟棍。毀祠興學。於理不合。褚於收稟之日。即比差票傳究辦。閻等以韓素無賴。不足與爭。又迫於官勢。祇得將欵、稟請退出。顧支用既難。退出亦不易。褚令轉不問其退出與否。而追究他端。是稟、褚批曰、爾等何人。胆敢藉口興學。起滅自由。滿紙負氣之言。提筆即來。此係何人主稿。着即明白查復訊辦。云云。閻等聞此信。乃各遠颺他鄉矣。

閻等既遠颺。褚以爲健紳皆去。更無人敢干涉公事。可以任我所爲。於是大用手段。雷厲風行。推敲誅求。各用其極。侮辱鄉紳。至一至再。甚且斥爲羣牛。經濟破壞。工藝局。吞沒底欵。勒加狀紙。損賄賣巡長、及各班總役。揹訛商船。不顧公論。專營私利。該邑盜賊橫行。刼奪殺人之案。迭出層見。有喊寃十數次。並將堂鼓投至衙門外者。褚仍㿜睡不覺。及覺因大怒。杖千餘。城門下火藥、亦被盜賊竊去。其政蹟如此。閻等順隨公議。維持縣事。於是謀控之提學使及藩憲處。謀定而未舉行也。褚密探知之。乃先發制人稟閻爲訟棍撫批嚴拿監禁褚奉到此四字批立發火簽四出查拿閻在縣不能安居。乃遁入汴省。幫辦某學校。爲義務員。

此學校係公立。經費支絀。同人派閻往汝寧府運動欵項。閻即同某君至汝寧。其第二日、往通衢散步。突有四人從背後拽之。猙獰可畏。轉瞬韓一德從斜面痛詈而來謂曰、速去見官。閻曰、褚何在。曰、見汝陽張官。閻曰、就同去。

先是韓一德曾住新蔡城東。多穢行。不容於鄉里。出數年、復歸。謂新蔡人曰。吾在某官處當差。今得武官矣。進署謁褚。褚亦回拜之一時紅樓爭看相謂韓□□做官矣蓋即其幼時穢名呼之也汚紳亦多趨拜下風者。當時學界有人口占一絕云。鮦陽麥秀映水綠非狼非犬爭逐逐底事獰視忽住躅漫將兎兒疑爲鹿未得眞解不敢言其所指。褚之回禮韓一德也。即囑其密伺閻等行蹤。至是韓一德爲之眼線者。蓋承褚之命。

韓旣刼閻至汝陽正堂。汝令張心泰、撫掌喜曰。此係新蔡大案。予獲之。褚大令喜可知矣。羅太尊喜可知矣。立即傳訊。

張令旣見閻。乃悽然作憐憫之色。其聲若蠅。問曰。

　　儞怎麼告官。

閻答曰。

　　爲學務起見。

張令躊躇多時曰。

　　儞也是讀書之人儞也能做官怎底不知官之貴重本縣也不與儞爲難。將儞解回新蔡。褚大老自有處置。回顧差役曰暫押捕房。

同往運動經濟某君。隨閻同至捕房。剛擁閻入則栅門忽閉。某君盤桓門外。無計可施。乃直接往求見張令。張令不見。繼乃勉强一見。

某君問曰。

張令曰。閻子固爲公學、同我來籌經濟。以何罪被捕。

本縣也知其無罪（躊躇曰）怎的當今有志之士。多是不肯服人（又躊躇曰）由本縣手中決不冤屈此人。爾可放心回去。

某君曰。既知子固無罪。何故偏要捕押。明告爾說。士可殺不可辱。爾若用刑審判。就由我等、也定不答應。

張令曰。既非汝陽之案。我但捕獲解去而已。安用着我來審判也用不着爾來揷訟

張言已。怒溢於面。殺機勃發。遂入。某君不獲盡言。亦歸。次日遂他往。

張令既知此案難辦。於是連夜通知新邑褚令。褚令大喜。即請張令定期差人送至新邑。自行處置。

風聲所播。新蔡閤縣學界、爲之震駭。乃集合鄉民萬餘。沿途布置。待行刼奪。

此動機甫舉。即爲奸人告發。褚令大驚。乃差人一日夜至汝陽。與張令商議。變前辦法。令即監禁汝陽。不必解新。張令亦極駭愕失措。謂此事既已關係全新學界人民大動公憤。發作由褚令。處置亦由褚令。非送新邑不可。往返數十次。躭延月餘。盡商酌此事。迄不得妥當辦法。於是二令共商之知府。請即提府審問。由府監禁。知府羅口口拒之不預聞。二令無計可展。既已捕獲。方冀借玆洩恨。豈肯輕放。乃定議仍舊辦法。請馬隊五十名。汝令又自派差役百名。由間道押解回新。

閻夢松初在汝陽獄中。恆鬱々不自得。又褚令因新蔡人民鼓動。飛騎囑張令加意嚴防。於是張令將閻鎖押。與囚犯同。因此失其手足自由者月餘。顧同獄中、有汝陽名紳某君。頗敬禮之。其他各大囚徒。亦與相親。每數日共飲一次。閻酒後耳熱。仰天忽忽而呼咄咄。或驀地作長嘯。某紳者、亦儒士也。最識閻心事。嘗與共詠荆卿易水之歌。囚徒亦唱。時調助之。慷慨嗚咽。共哭泣於一團。然其肺腑各不相同矣

屆期。馬隊既負閻登檻車。張令監送出門。洋號聲烏烏。長槍重戟。夾道而行。觀者如堵。縮頸伸舌。無一解其原因者。隊長某、前謂閻曰。前呼後擁。南面王亦無過此。閻笑

應之曰。勿誚中途而墜。雖非予所樂。然固在予前年豫算中者。予固不以此爲辱。但惜予能作大事今方下手無一分成效而即行捐却耳汝亦中國箇人各勉之勿因每月數十金自鬻身也隊長大爲感動。

夜行至新邑城西某集天甫明。各疲乏。爲一停息。擁觀者千人。隊長駭然、謂閻曰、沿途未薄待君君幸無與我爲難。小官難肩重任。閻曰、請安心。若由子手刼去我必復來子與此案無涉何忍相累於是乃改就他道。兼程速行。歷某村。與閻戚里某君相遇。某君黯然相對泣下。不能發言。最末言曰。子非吾縣閻子固耶巳乃、急行進城。

當閻未至縣時。已有人傳信於同事諸人。令作準備。同事者遂開會決議。議分爲二。一主急刼。一主具保。急刼者、事發而禍驟。具保者、暫屈而易收。終以主具保者勝。因多數人、恐刼之不成。轉以禍閻也。於是集合城內外紳士數十人。進署。與褚令商議。請暫釋放閻。若有特別處置。閻若不到。即由來紳作抵。此後更求爲閻剖白。褚令見來紳甚衆。雖未敢大加申斥。然怒形於色。連呼不成！不成。其後僅以紳等固爭。謂由古士可殺不可辱。請勿刑訊。云々。得褚令之一點頭而已滿座紳士正籌議間。外間急傳案到褚令不暇送客。說一聲請坐。遂行。就堂訊。

褚令甫見閻、熟視、柔聲曰。

儞是閻子固。

閻答曰。

是。

褚令驟大聲急呼曰。

儞就是閻夢松。

閻復應曰。

是。我有甚麼罪。

褚令曰。

儞爲何告本縣。本縣有甚麼對不著儞。

閻答曰。

不是縣主對不著我因縣主對不著新邑人民並對不著新邑學界故有是舉

褚令曰。

爾今犯在我手更有何言

閻答曰。

任縣主發落吾祗問心不愧

褚令拍案曰。

爾問心不愧本縣問心愧　隊子。快快把他押下監禁。

褚令嚮作儒態。多風韻。雖訊盜案。不喜爲急聲。此次聲大而遠。屋梁爲之墜塵。內隊既負閻出堂。鄉人來觀者湊集衙前。見閻鐵鎖環身。面目枯憔。人々髮指。箇々稱寃。一時大動公憤。磚瓦交下。差役各散。內隊奮鬥。亦被擊退。遂乘機負閻而逃。褚聞失事。倉皇自拔火籤。隻身飛追。傾跌數次。襟帶皆泥。負閻者、行至西街某紳門首。就便遂入。(某紳現尙在署作保實不知也後聞信始與衆人同出)既入、則雙扉啞然復闔。褚既被撇門外。急叩門亦無應者。遂臥地曰。今日吾死於此矣。二家丁爲扶起。褚又徬徨數周。徑竇亦未覔。就向市人問曰。有後門乎。或應曰。有。遂復臥地大哭曰走矣走矣家丁有急智謂褚曰雖走當仍未遠押送馬隊仍未歸盍往求彼代爲搜索褚令於是往南關馬隊尖站處長揖請曰案已逃請再出力爲一搜索

馬隊初至縣見鄉人憤激知必行刼又心顧惜閻信其無罪至城西某集即差人往縣交差令速派人往迎褚令知危險不允之因送至衙門二堂始行交差既交差甫出隊長即向鄉人呼曰『蠢輩既不速刼閻君在此尙有何看』故閻之被刼隊長意也褚既要求之彼亦碍於情面難驟辭答曰送至二堂何故尙被刼去褚復爲施禮隊長於是整隊復出甫至大街遂鼓聲號聲交奏而歸

褚令甫歸署正有家丁從內急走出迎面告曰不好太太吞洋煙矣請速往救既救得蘇數褚曰『爾在永寧被控在湯陰被參我不知生多少煩惱爾不知尋多少門路纔得上新蔡這實缺今者錢已化盡心已操盡名已壞盡案又跑却我往日勸爾不要如此爾說是婦人之仁不聽吾言今弄到甚麽田地了』因擲其印於地曰『要這何用吾回家吾不願在此矣』褚令因失策面有慚色曰『唉爾怎知我心事但養好爾病即得矣』

褚令既不能捕獲閻夢松。大怒。即思請兵勦新蔡全縣。後由家丁勸之。未出此策。於是揑稟縣紳數十人。謂閻勾通會黨。羽翼數千人。不戢將生大亂。其實刼閻之時。眞下手者。十餘人而已。數日內、又星夜往汝寧府求策。又往南汝光道求策。未幾省委耶令益厚、即至新。密委也任一衙役邴□□家。褚與褚令潛通數次。又由邴勾出閻等之反對黨某某。從重告訐。更連及其友人任近三閻夢卜劉純仁張應擧四人。謂閻之告官。即此四人主之。閻之逃匿。即此四人刼之。耶令之查訖也。縣中人人自危。風傳褚耶二令。已請兵勦縣。將來應殺者不止百人。以故城西南一隅。皆先後遷徙。人煙一空。城內懼株及者。亦紛紛他往。市面爲之蕭索。未幾、道委府委皆至。褚令因力厚、遂率人查抄閻夢松及任閻劉張數家。叫囂隳突。婦女老弱。皆駭然逃遁。什物盡被刼去。波及鄰佑。不得安寧。惟閻夢卜家、抄剠尤慘。排門墮壁。房室皆燬。老母八十餘歲。亦受驚而死。壯者弱者。各遁外縣。不敢私歸。尸無人殮。但望祭痛哭而已。汴省學界、及河南留東學界。皆具稟爲數人剖白。或謂林撫重視學務。因此受累者、當可昭雪。或謂林已將衆稟批駁。未知何是。

當此時汴省學界忽起一大風波。即前同閻夢松往汝寧運動經費之某君被拘是也。某君因閻之事。曾一至新蔡。既乃赴汴。言及新蔡縣事。口吐憤言。代爲不平。謂皆目所親覩。幾無人理。不意耳屬於垣。有偵探某人告發之。遂被拿。既至。審問其與新蔡縣事有關係否。某君曰。若有證據。請治罪。無證據。私自拿人。非汝自行治罪不可。某君口辯捷利。問官數窘。於是判某君無罪。請仍還舊寓。某君不可。嗣稍爲宛轉。乃出。

閻既遠颺。後有人遇於某處。謂曰。仇未報。奈何。閻曰。褚郋二令。僅一縣之公仇。彼有所由來。故公仇中尤有大焉者。今無暇顧及彼輩矣。嗟乎。風雲日急。人人有責。閻君既蓄此志。他日或有飛現之一日乎。新邑之仇。即不報焉可也

擎盃酒　拭淚痕

荊卿短歌聲自吞

夜半携手叮嚀　滿座各消魂

何日歸　無處問

夜月低　春風緊

雜俎

雜肋錄

世界週遊一覽表

佛國馬炭新聞計畫世界週遊之時間。及其行程旅費。列爲詳表。且不日將開一世界旅行會。以募集週遊世界之希望者。

由紐育（美國地名）到西爾布爾（德國軍港）五日間。

由西得爾布爾到巴里（法國首府）七時間。

由巴里到露京二日零六時間。

由露京到莫士科（露國舊都）十二時間。

由莫士科到義爾古德斯克（西伯利亞地名）十二日間。

雜俎

由義爾古德斯克到浦鹽韓國地名五日間。

由浦鹽到神戶日本地名三日間。

由神戶到西亞特耳美國地名十二日間。

由西亞特耳到紐育五日間。

以上行程及週遊之時間不過五十日。旅費且不過一千五百圓。足可以繞地球一週。

露國革命黨

露國革命黨共分通國爲二十部。有本部支部小支部之措置。其名稱如左。

(1)露國社會民主勞働黨。

(2)社會革命黨。

(3)波蘭社會黨。

(4)猶太人一般勞働合黨。

(5)利洞亞似牙及波蘭社會民主黨。

(6)波蘭布露列他利亞附頭(平民)社會黨。
(7)劉亞尼亞社會民主黨。
(8)劉亞尼亞社會民主勞働聯合黨。
(9)劉亞尼亞社會民主聯合黨。
(10)芬蘭勞働黨。
(11)地方社會聯合黨。
(12)地方革命聯合黨。
(13)自歐爾血亞社會革命聯合黨。
(14)亞爾眉尼亞社會民主勞働黨。
(15)白露大革命黨。
(16)自由聯合露國憲政黨。
(17)波蘭國民同盟。
(18)芬蘭活動委員執行部。

雜俎

(19)亞爾眉尼亞革命聯合黨。

(20)回回教徒同盟。

黃白二種婚姻之始祖

當羅馬帝國將分裂之際。有蒙古種之酋長名遏底辣者。過來因河入加里亞。將入意大利。時有西羅馬帝之女以不德見放。遏底辣娶之。自稱皇帝之嗣。求領土於羅馬。羅馬拒之。後與將軍厄知烏斯戰。被破於西亞倫四百五十二年。遏底辣更越亞爾伯侵北部意大利。羅馬僧正勒阿說之使退。翌年遏底辣卒。

露西亞人種之混雜

斯拉布種。此係純粹之露人稱波荷種。此乃白人種之一種從斯。即猶太人乃白種薩喀克種。乃土耳其人之一種撒漠耶。乃黃人蒙古種之一種拉布種。係蒙古種芬種。係芬蘭即蒙古種之一種

泰西各國耶蘇教之分派

希臘教。一名耶蘇正教。　露西亞。　希臘。　羅馬尼亞。　布爾加利亞。　塞爾維亞。

耶蘇舊教。一名羅馬教。又名天主教。 意大利。 佛蘭西。 西班牙。 葡萄牙。 比耳義。 澳大利。 南亞美利加諸國。 北亞美利加之墨西哥。 中央亞美利加之諸國。 南獨逸志。

耶蘇新教。 英吉利。 北獨逸志。 和蘭。 瑞西。 瑞典。 那威。 丁抹。 北亞美利加之合衆國。

日本幼童之護國事業

昨年日本由有志者發起、創立一幼年水雷艇會。入會者月捐一錢。(當中國十文)存放銀行。爲建造水雷艇之費。以起幼年護國之觀念。此事大得教育家之同情。目下已有五千餘圓之貯金。據其計算。日本全國幼年五百七十萬人。此等幼童月貯金一錢。假定一隻水雷艇之建造費。爲二十萬圓。則一年之貯金可造三隻有餘。閱十年二十年之久。則此日本幼年不難雄飛於世界云。

俄國之兒童之革命事業

東報紀載昨年之統計。所述俄國革命犧牲如下。死者總數二萬六千人。傷者總數三

雜俎

萬一千人入獄者總數一百五十萬人。其死傷之數比法國革命時猶倍之。此等革命之犧牲中勞働者居大多數。前仆後繼。不少畏怯。目下表面雖似鎭靜。浦歐爾籟河岸之諸州。及高加索波蘭等地。革命實異常猖獗。警官亦殆束手無如彼何。如五月紀夫利斯之中學校學生。開演說會於講堂。痛論政府横暴之罪惡。校長聞之立命解散。學生不服。反逐校長於門外。此事不過百中之一例。最可畏者革命之熱深印於彼等兒童之腦中。成爲一種革命傳染病。十三四歲之乳臭小兒。時時組織黨徒襲擊官吏。强奪富豪殆不爲奇焉。

附錄

車生傳

車生者、歐人。多力。好動。日行百餘里、千餘里不等。竭其力亦或行三千餘里。不如是不止也。自奉儉。以故人多喜交之。車生性亦濶達。無智愚賢不肖皆油油然與之携。終日而後別。以故車生之名大噪。遍歐土無有不知車生者。每足迹所至。必有數千客與之俱。由是名都。大埠善居奇者。咸爲車生建造房舍。備極華麗。倫敦之某某客跕房屋數千間所招延者。車生之客也。華盛頓之某某客房樓閣數千間。所延接者車生之從也。他若奧之首府。法之巴黎。德之柏林。以及若意若比之繁盛都會。莫不爲車生故。造寢室牀席焉。歐洲人素富。飲食奢而爲車生故。珍奇羅列。酒餚雜陳。香果芬馥。談笑歡呼之聲。不絕於耳。然車生則極廉。除朝餐烏梅外。行路不過一水。終日亦不飢。止寓亦不

附錄

索飲食。未嘗食肉飲酒。與諸客伍。蓋其所得於天者厚也。探險好遠之心。一日不輟。既轍遍歐洲矣。乃渡太平洋。至支那之上海。復由上海至燕京。由燕京至其貿易之中心點漢口。一息。復將沿江西上。由川達陝。遍見劍閣終南之勝。由陝東下。經汴省之鄭州開封。聞且欲由開封至曹州。復折轉由洛陽至潼關。且涉濟洛潼水矣。支那人士。久聞車生名。有勢力於其國。與其國政府之權要諸公。常相往來。以故至某處。莫敢不歡迎。然車生排斥華人之性。在其國漸染已深。既挾歐洲資本至中國。於是思得當以報其本國者無所不至。潤達之性。變爲陰險柔媚主義。廬山眞面目。全非油油然與賢愚相攜者爲利故耳。即貧至如洗。欲接一面者。不給資不能也。其狠毒如此。而性油滑。人終不能絕之。數年以來。吸收支那之脂膏。輦載以去者。以數百千萬計。較之天竺雅品宗旨不同。而害則一也。其後海內外志士。漸知其情。環視側目。譬諸齊陳氏。思擯逐之。然揆諸支那之勢。既有不能。而對諸其國民。又實一日不可離。於是殫精竭慮。得一術焉。曰車生排華。愛本國。曷多與之金。令入華籍。作華官。爲華人。以服屬於支那帝國權力之下。爾時其愛國心生。將見輦載於外者、亦復輦載於中也。且從此既屬華人。貲財亦無外輦之理。衆皆以爲然。拍掌稱和。近聞以此事商諸車生。其成否未可必。然此事易爲也。果支那國民堅持不移。彼一客族。安敢與本族抗哉。特視乎實力何如耳

傳者曰。車生以一客族。孤身入人國。不數年而致豪富。與其國之宦達者趾相接。乃下至厮養卒。無不挾之以俱遊。其才可謂奇矣。旣善得人心。而內本國外他國之思想。又鬱勃於胸。使久處客中。支那將受其大害。官民俱無焦類。豈不危哉。吾甚願支那速行令入華籍政策也

附錄

简章

第一章　定名及宗旨

第一條　本報爲河南留東同人所組織對於河南有密切之關係故直名曰河南

第二條　本報以牖啓民智闡揚公理爲宗旨

第二章　體例及辦法

第三條　本報體例分門編纂次序如左

一圖畫及諷刺畫　二社說　三政治　四地理　五歷史　六教育　七軍事

八實業　九時評　十譯叢　十一小說　十二文苑　十三新聞　十四來函

十五　雜俎

第四條　如有特別事項在前條所規定之範圍外者可臨時登錄

第五條　本報設經理二人編輯繙譯會計書記庶務監察各一人均自盡義務不別享權利

第六條　本報爲消息靈通起見內地特設調查員四人訪事員若干人

第七條　河南省城內設總派處一所不惟擴充本報銷路其東京所出著名雜誌均約代派以[illegible]交換智識

第八條　本社內設繙譯一部其東西洋所出之最新科學及時事等書均擇要漢譯陸續出版以餉學界其詳細辦法有專章

第九條　本報月出一册至少登足一百二十頁定於陽曆每月朔日發行決不愆期

第十條　凡代售本報至十份以上者九折三十份以上者八折郵費在外報資按期滙付三期未清即行停寄結算

第三章　撰述員及經費

第十一條　報稿除社員擔任按期出版外其本省及他省諸君子有與本報宗旨相同者均可自由投稿

第十二條　同志惠稿一經本報登錄即以本期報奉酬若能按期投稿即以撰述員相待每期另有特別酬金

第十三條　本社所有經費均尉氏劉青霞女士所出暫以二萬元先行試辦俟成効卓著時再增巨資以謀擴充

第十四條　無論海內外有熱心志士願表同情慨捐本社十元以上者奉酬本報全年五十元以上者五年百元以上者永遠奉酬並將姓氏登錄報端以表高誼

附　則

第一條　本報編輯所附設於河南編譯部在日本東京牛込區西五軒町五十二番地通信者請逕投彼處

第二條　本報發行至一年後有臨時增刊一册設事關緊要則即時付刊以快先覩

本報之十大特色

世界上神聖不可侵犯者莫如**軍人學生**吾國同胞中凡有**軍人學生**定購本報必於規定價目之中**特減一成以彰優待**特色一

機關不靈則時事莫詳本社於通都大邑要埠名鎮均訂有**訪事時相函**

告復特派調查員數人遍行遊歷加意採訪 冀以發潛闡幽毫無遺憾特色二

學非專家所見終屬隔膜言苟不文行之烏能致遠本報於所定門類均延請 科學精深識見正大之名士通儒按期擔任選述特色三

炊而無米則巧婦束手戰而乏餉則名將灰心本報經 劉女士出資鉅萬既有實力以盾其後庶幾乎改良進步駸駸焉有一日千里之勢特色四

天下最足使人油然動其 興觀羣怨之感者其滑稽之繪事乎本報每期必就社會腐敗狀態官場魑魅情形時局危急景況列强經營跡象 繪成十數幅插入報端庶觸於目者有所動於心特色五

風雲變化瞬息萬狀今之外交 亦多類是英法日俄四國之協約成而吾國危亡之勢迫本報每期必於最近中外交涉事實詳爲評論以供有心人之研究特色之六

豫省地濱大河文明發達最早歷史所產人物又最多其餘韻流風猶有存者本報每期必採錄軼事摹仿故跡極力發揮表章以存國粹特色七

路礦者吾人之生命財產而各國野心侵略之第一目的物也本報於礦地路線調查詳明繪圖立說指陳利害庶皆知集股自辦利權不至外溢特色八

愛國之人自愛其鄉里始本報於豫省全圖及各府縣分圖均以次登出並將山水土產人物事蹟明確標識彩色燦爛形勢活潑則指顧之間珍貴保守之念或自生乎特色九

一譽而人知勸一毀而人皆懲此清議之責也本報持論之際是非必關其大好惡一採諸公決不以個人喜怒謬加褒貶亦不以瑣屑事故浪費筆墨特色十

雲南雜誌社廣告（十號已出）

調查詳確議論正大久爲全國學界所公認不待贅呈而每號多譯載英法越緬關於滇桂之重要書報揭載駐法英越緬訪員之重要信件西南外患燎如觀火尤於祖國報界中放一特別異彩計全年十二册報資二元半年六册報資一元一角郵費每册一分凡欲購者均可向河南雜誌社或其代派所訂購抑或直接向本社函訂尤妙至滙兌不便之處用中國或日本郵票訂購亦可但須增收十分之一此佈

日本東京神田駿河臺西紅梅町六番地

雲南雜誌社謹啓

四川雜誌廣告

登岷峩之巓以矚中國西南半壁六詔危兩藏急蜀之形勢險殆極矣而地屬邊陲民智錮蔽釜魚幕燕其樂方酣本社同志愍焉傷之爰組織斯報以餉邦人其主義在輸入世界文明研究地方自治經營藏衛領土開拓路礦利源就此等問題切實發揮和平鼓吹使我蜀國同胞起作神州砥柱噫秋色蒼茫海天萬里云誰之思西方美人我七十萬伯叔兄弟諸姑姊妹其亦將聞風而起乎第一册現已付印不日出版全年十二册零售每貳角訂半年者一元一角全年元郵費另加

日本東京牛込市谷三十四番四川雜誌社啓

GRAMMATIK

DER

DEUTSCHEN SCHRACHE

für die

Chinesischen Schüler, welche das graktische Deütsche er lernen wollen erklärt aüf chinesisch von

Yielnk Woo-See

漢釋德文範

留學日本東京帝國大學農科林學實科

河南 吳肅 編

吾國近數年來風氣大開各省提倡新學不遺餘力惟各省學校所設外國語一科多係英文間有一二課授德文者大半又係西人所創辦故學生除直接聽講外一無善本可供參考以故研究多年收效殊鮮吳君有憾于此擇德國文法中適于中學程度敘述詳明者編譯成冊其於品詞之性質句法之搆造文法之應用均加以適當之解釋譯者于斯學研究有素非率爾操觚者所可比其譯筆之暢達釋例之詳密求諸我國譯界中實屬罕覯更於每課附華德對照語句俾資學者可逐課練習以上文法誠我國講求斯學者所當手執一編以睹此空前之傑著也

現已附印
不日出書 定價大洋一元五角